TEMPOS DE REINADOS

Ilustração: Elisabelly Saara Souza

TEMPOS DE REINADOS

Imaginários do congado
em práticas de escola

Andréa Borges de Medeiros
Gisela Marques Pelizzoni

Fotografias
Leonardo Coelho

MAZA
edições

Tempos de Reinados

Capa
Túlio Oliveira

Foto de capa
Wendryck Jackson da Silva Bento / Foto de Leonardo Coelho

Revisão
Joelma Santos

Projeto Gráfico e Diagramação
Letícia Lima

Dados Internacionais de Catalogação na Publicação (CIP)
(Câmara Brasileira do Livro, SP, Brasil)

Medeiros, Andréa Borges de
Tempos de reinados: imaginários do Congado em práticas de escola / Andréa Borges de Medeiros, Gisela Marques Pelizzoni; fotografia Leonardo Coelho. - Belo Horizonte, MG : Mazza Edições Edições, 2023.

Bibliografia
ISBN: 978-65-5749-077-8

1.Congado 2. Cultura afro-brasileira 3. Cultura popular 4. Educação - Brasil 5. Folclore - Brasil I. Pelizzoni, Gisela Marques. II. Cpoelho, Leonardo. III. Título

23-164165 CDD 398.098151

Índices para catálogo sistemático:
1. Congadas: Cultura afro-brasileira: Folclore 398.098151
Eliane de Freitas Leite - Bibliotecária - CRB-8/8415

MAZZA EDIÇÕES
Rua Bragança, 101 - Bairro Pompeia
30280-410 Belo Horizonte/MG
pedidos@mazzaedicoes.com.br

Dedicamos este livro a todos os mestres e mestras de Congado, às capitãs e capitães de guarda, guardiãs e guardiões desses saberes ancestrais que tanto reverenciamos.

Dedicamos ainda aos meninos e meninas, pequenos e grandes, que nas rodas de cantoria e nos Cortejos que recriamos na escola entram em sintonia com tais saberes – e, cada um a seu modo, estabelece vínculos com uma cultura afro-brasileira enriquecida na diferença e nas poéticas de um cotidiano sempre reinventado.

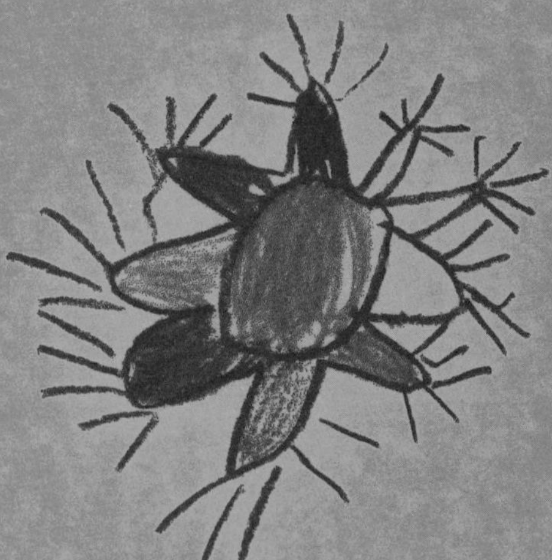

Sumário

Ilustração: Vinicius

**Tambores encantados e crianças brincando
são capazes de salvar o mundo**

Luiz Antonio Simas

Ana Clara e Daniel Evando

Prefácio

Reinados da infância contra o esquecimento

Por Gabriela Romeu

"EDUCAÇÃO – radical vivo que monta, arrebata e alumbra os seres e as coisas do mundo. Fundamento assentado no corpo, na palavra, na memória e nos atos. Balaio de experiência trançado em afeto, caos, cisma, conflito, beleza, jogo, peleja e festa. Seus fios são tudo aquilo que nos atravessa e toca. Encantamento de batalha e cura que nos faz como seres únicos de inscrições intransferíveis e imensuráveis. Repertório de práticas miúdas, cotidianas e contínuas, que serpenteiam no imprevisível e roçam possibilidades para plantar esperanças, amor e liberdade."[1]

Esta definição genuína para a palavra educação, cunhada pelo educador Luiz Rufino, ajuda a abrir caminhos para a leitura deste livro que se faz como um "balaio" afetuoso tecido em um inventário de vivências, práticas e sabenças ("miúdas, cotidianas, contínuas") inscritas em corpos que reinam, brincam, cantam, contam, versam, dançam, tamborilam, festejam, ritualizam e, sobretudo, lembram.

Um alembrário político-poético das narrativas experienciadas por meninos e meninas permeia o pulsante texto de Andréa Borges de Medeiros e Gisela Marques Pelizzoni, entre as imagens de puro devaneio registradas por Leonardo Coelho. As autoras-educadoras, "profetas da profissão" (como a pensadora bell hooks define aquelas "dispostas a educar como prática da liberdade"[2]), evocam o tempo de um percurso-festa em que crianças, adolescentes e adultos se lembram também e para além do "era uma vez": nas acontecências do hoje e do sempre, num "tempo espiralar"[3], em reinados do antes e do agora, vividos nas últimas duas décadas em reinos nada distantes – ou no chão das Gerais, das Minas de meninas e meninos –, mais especificamente em uma escola pública de Juiz de Fora, José Calil Ahouagi, que vem instaurando a reexistência de reinados das infâncias desde 2006.

Percorrer as páginas deste livro é também se fazer em travessia, em um chamado para (re)encontrar o encantamento do mundo a partir da experiência de uma escola que vira terreiro, discute com complexidade as relações étnico-raciais e congrega a pedagogia do cortejo como uma verdadeira reinvenção de territórios do ser e do existir, onde se funda o viver-aprender com a ritualística do congado, sua ética e sua estética. Verdadeiros territórios existenciais em que meninas e meninos exercitam cotidianamente o "refazimento de si"[4] ao vivenciar e recriar o legado de uma manifestação cultural grafada no corpo e na memória de povos bantos na diáspora africana. Manifestação popular, festejo, devoção, folguedo e brinquedo.

A leitura foi acordando em mim o significado do termo "brinquedo", que, na língua nheengatu, tem origem na palavra "musaraintáua" – "musarain" quer dizer "fazer esquecer", já "tauá" guarda a ideia de "terra e lugar"[5]. Assim, "musaraintáua" é terra, canto ou lugar onde a gente se esquece, nos ensinam os povos originários. O que não significa exatamente um se esquecer de si. Pelo contrário, abarca o sentido de um se esquecer em si, de modo suspenso, fora do tempo cronológico e da objetividade rasteira do mundo. O brinquedo convoca um tempo fundador, regido por tudo o que nos principia, e se alarga em raízes profundas (e, por isso, sabedor de nossas ancestralidades). Como traz em sua poesia o escritor angolano Ondjaki, seria uma convocação a se "chãonhe-ser", e "re-ser chão, muito chão"[6].

No chão da Escola José Calil, em meio a tantos processos de alembramentos de si narrados no livro, quase posso ouvir o tempo da espera; o pátio da escola virando terreiro com o burburinho das crianças pequenas em suas capas esvoaçantes, espadas em punho; mãos bordando coroas e também reencontrando tambores e seus chamados ancestrais; uma enxada deixada num canto da escola por um pai agricultor sendo ressignificada (ou melhor, reencantada) em cajado, guardião dos nomes dos reis e rainhas ano após ano; o abrir de uma caixa de memórias, com cartas, desenhos e outros inventos, anunciando a chegada de mais um ciclo de coroação, de agosto a novembro. E então o assombro de meninas e meninos ao redor de seus 11 anos, idade marcada por um tempo em trânsito, em travessia. Crescer é um verdadeiro cortejo! – de algum jeito nos dizem as crianças.

Entre os ritos de passagens, a despedida da própria infância para atravessar outras noites e mares, relembrada nas páginas deste relicário. Narrativas arrebatadoras transbordam e trazem lembranças como as da menina Rafaela, em seu vestido encarnado; e de Dorinha, no dia em que presenteou a escola com a bandeira vermelha para abrir os caminhos da festa de coroação das crianças, rompendo um outro tempo; de quando Laryssa se descobriu rainha para honrar sua tataravó Maria; e também a rainha Sâmara se recordando da avó Maria Joaquina, sabida de ervas e muitas curas; do dia em que uma criança, corajosamente, rasgou o silêncio com sua voz de outras eras e Wendryck (neto de Joana D´Arc) foi eternizado rei no álbum de fotos feitos pela amiga Kemilly.

No con(viver) das práticas ritualísticas que essas e outras crianças e jovens inauguram no terreiro da escola, ao lado de toda a sua comunidade, mães, pais e avós, e também educadoras e educadores, o tempo-reinado da infância é e será sempre partilhado e renovado, afirmando os muitos modos de aprender e existir e operando contra os diversos silenciamentos e apagamentos. A cada festa em que uma menina e um menino das muitas realezas são coroados nesse chão sabedor de si e do próprio mundo, a memória e a invenção, o cortejo e o brinquedo são fundamentos poéticos e profundamente políticos da vida em travessia. Urgentes.

Ilustração: Júlia Almeida Stanik

Gabriela Romeu é escritora e documentarista, autora do livro *Terra de cabinha – Pequeno inventário da vida de meninos e meninas do sertão*, coautora de *Noite de brinquedo* (ambos publicados pela Peirópolis) e diretora do curta-metragem *Meninos e reis*, sobre a infância e o reisado no Cariri cearense.

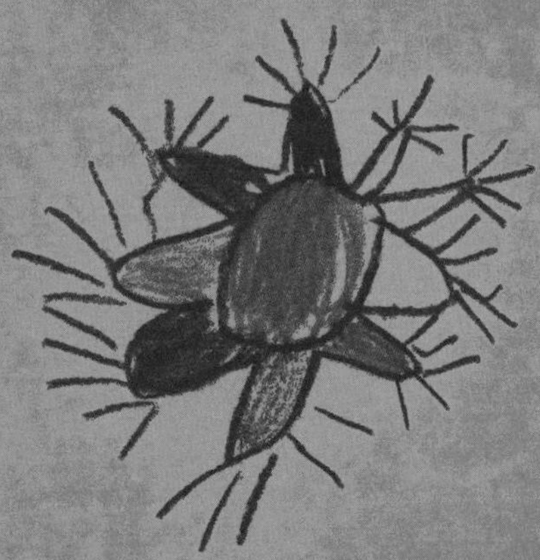

Referências bibliográficas

(1)(4) RUFINO, Luiz. *Vence-demanda*: educação e descolonização. Rio de Janeiro: Mórula, 2021. 84 p.

(2) HOOKS, Bell. *Ensinando pensamento crítico*: sabedoria prática. São Paulo: Elefante, 2020. 288 p.

(3) MARTINS, Leda Maria. *Performances do tempo espiralar*: poéticas do corpo-tela. Rio de Janeiro: Cobogó, 2021. 256 p.

(5) PIORSKI, Gandhy. *Brinquedos do chão:* a natureza, o imaginário e o brincar. São Paulo: Peirópolis, 2006. 156 p.

(6) ONDJAKI. *Há prendisajens com o xão:* o segredo húmido da lesma & outras descoisas. Rio de Janeiro: Pallas, 2011. 72 p.

Por uma Pedagogia de Cortejos[1]

As bandeiras avisam
o tempo de festa.
Estão acima da terra,
estão abaixo do céu.
Mas têm raízes e estrelas.

Edmilson de Almeida Pereira

Este é um livro de histórias, de contos de reinados de meninos e meninas. Contos de reinados de infância inventados, reinventados, sonhados no cotidiano de uma escola pública[2] já há quase vinte anos. Histórias tecidas pelas mãos de crianças, adolescentes, educadores, pais, mães, avós... Todos eles *surundungas* e *zabelinhas*[3] na feitura incessante de criar festa, vida, sabenças, ritualísticas. Histórias de tramas delicadas e emaranhadas, cortejadas nas histórias de vida, nos saberes ancestrais, nos imaginários festivos, nas encantarias... Mas, antes de adentrar esse texto com as narrativas do nosso Cortejo de Reis e Rainhas, se faz necessário um pequeno preâmbulo para contextualizar os cenários que tornaram possíveis a fundação desses reinados e a travessia desses cortejos. Se faz imprescindível contar, ainda que brevemente, a história de uma escola em seu fluxo de recriação de sentidos e de redefinição de paradigmas quanto à sua cultura de escola.

E o início dessa história nos leva a uma escola em crise nos idos do ano 2000, marcada pelos altos índices de evasão e repetência de seus alunos, qual seja, a Escola Municipal José Ahouagi, localizada na periferia de Juiz de Fora, cidade do interior de Minas Gerais. Naquela época foi realizada uma pesquisa de mestrado na instituição pela então diretora e coordenadora da escola, buscando compreender os processos de construção da identidade das crianças afrodescendentes e sua relação com as rotinas e práticas escolares. Naquela pesquisa, o que interessava não era falar pelas crianças, mas sim dar-lhes voz e vez, no intuito de tornar pública "sua resistência, sua luta e seus modos de significar a própria existência, apresentando dignamente a humanização de suas estratégias de sobrevivência, considerando-as como processos válidos para a reconstrução de si mesmas e de seus contextos" (Medeiros, 2001)[4].

A partir das histórias de vida e de escola das crianças, o que se viu foi que a grande maioria delas não se reconhecia como negra, sofria no dia a dia situações de preconceito e discriminação, enquanto a escola se mantinha omissa e alheia frente a tais situações.

E foi assim que, por meio daquela pesquisa e a partir do compartilhamento dos modos de interpretar o mundo daquelas crianças, surgiu o impulso de se imaginar um novo projeto de escola que buscasse subsídios teóricos e empíricos para pensar a subjetividade e a diversidade humanas. Diante da situação, a escola se viu novamente em crise – uma crise que depois se fez crisálida, borboleta em voo, busca, aventura, travessia. Malungos então se encontraram todos.

"Qual é a escola que queremos? Que tipo de formação humana estamos interessados em propor?". Essas foram as perguntas que provocaram desejos e sonhos do coletivo daquela escola.

Com base naquelas questões apresentadas, um processo de (des)construção de conceitos e posturas teve início, impulsionando a busca por outras possibilidades de fazer educação, comprometida com o desafio de educar todas as crianças, compreendendo as suas diferenças, quer seja no âmbito do desempenho escolar, da formação cultural, da formação étnico-racial e religiosa, da história familiar, entre outros.

Muitas foram as mudanças e recriações surgidas na escola, e grande foi a profusão de materiais, ritos e ritmos nascidos naquele período tão fecundo de transformações e reflexões. Gradativamente a escola foi se assemelhando a um quintal, a um terreiro, pleno de encontros e acontecimentos. Era comum encontrar professores e crianças embaixo da sombra da mangueira tratando de assuntos pertinentes aos conteúdos escolares; experienciando a musicalidade das flautas, de tambores improvisados, das surpresas de um pequeno terreno transformado em horta; a contação de histórias no gramado; os encontros de bordado, em que meninos, meninas, pais, mães e professores se esmeravam em desenhos delicados usando agulhas, tecidos e linhas das cores mais variadas e belas. A escola se fazia em um quintal de aprendimentos, convidando a invenção de outras maneiras bonitas, festivas, poéticas de ensinar e aprender, mas não menos comprometidas com as importâncias de um currículo escolar sistematizado e humanista. Naquele quintal, cotidianamente o dia começava com uma grande ciranda com todas as crianças, adolescentes e educadores reunidos, cantando e dançando cantigas das tradições populares embaixo de uma frondosa mangueira que a todos e todas acolhia. Desenhos das crianças invadiam todos os espaços, como também os seus risos e suas brincadeiras. Folguedos populares como o “Bumba meu boi”, o “Teatro de Mamulengos” e as rodas inspiradas nos congados inauguravam o tempo do festivo e das encantarias, para além da dimensão folclorizada comumente presente nos ambientes escolares quando da temática dos saberes populares.

Ilustração: Josiana Eduarda Almeida Sant'anna

Desde então a estética, as expressões corporais, os cantos, as memórias, as histórias, as artes, a literatura afro-brasileira e ameríndia e as cores vivas da cultura popular brasileira invadiram todos os espaços da escola. Havia e há, até os dias de hoje, uma atmosfera de inventividade que nos torna capazes de privilegiar espaços/tempos de experiência usando cacos, destroços e refugos do cotidiano de nossas vidas. É clara a intenção, marcada no planejamento de nossas práticas pedagógicas, de estabelecer o rompimento com os saberes escolares secularmente reproduzidos e construir conhecimentos escolares que dialoguem com todos os aspectos culturais presentes no diverso tecido social brasileiro. Podemos afirmar que as leis 10.639/2003 e 11.645/2008 contribuíram para a legitimação das escolhas curriculares realizadas no contexto da escola, mesmo que nossos diálogos com os saberes afro-brasileiros tenham se antecedido a essas leis.

Partimos da consideração de que todos os sujeitos históricos e os grupos socioculturais aos quais pertencem, principalmente o das pessoas pretas e afro-brasileiras, indígenas e aquelas menos favorecidas econômica e socialmente, têm História, Memória e Identidade dignas e merecedoras de serem conhecidas e valorizadas no espaço da escola, como também fora dela. Preconizar, no currículo da Escola José Calil, as vozes ausentes daqueles sujeitos é um ato de resistência, de abertura de diálogo para entender e romper com o racismo estrutural, com os preconceitos de raça, gênero, classe social, religião e outros.

Dar ênfase ao estudo das diversas culturas significa, portanto, dizer que cotidianamente a comunidade escolar é convidada a repensar as diversas formas de ser e existir no mundo, como também as diversas formas de produzir conhecimento e significar a vida. Neste sentido, o que pretendemos, enquanto uma escola que se coloca no fluxo de reinvenção e transgressão a um modelo de cultura escolar canônica, é fazer fluir a discussão sobre a diversidade e subjetividade humanas, sobre a compreensão do conceito de identidade e de cultura como um sistema relacional flexível e dinâmico sempre passível de reconstruções e transformações. Esse processo de reinvenção de cultura de escola nos convoca a pensar sobre as estratégias de intervenção que estamos criando no movimento de promover o alargamento de gramáticas para outras possíveis leituras de mundo, fundamentadas em referenciais culturais historicamente silenciados e marginalizados dos contextos escolares e ampliando nossas leituras de mundo para além dos referenciais eurocêntricos. A opção por dar visibilidade aos saberes historicamente excluídos implica o compromisso político da escola de romper com uma cultura escolar que historicamente se consolidou a partir da lógica colonizadora, patriarcal, marcadamente branca, deslegitimando, silenciando e colocando à margem saberes constituintes das nossas matrizes culturais, como os saberes advindos das culturas afro-ameríndias.

Ao buscar transpor os elementos da cultura popular para currículo escolar, redefinimos as funções das práticas culturais, que deixam de pertencer exclusivamente à esfera do sagrado, do mundo do encantado e da festa e passam a ser ressignificadas dentro de um contexto escolar. Dessa forma, a dimensão do sagrado inerente às festas de Bumba-boi e do Congado, por exemplo, deixa de ser o significado maior desses folguedos e passa a adquirir outros sentidos – aprendizados de músicas e ritmos, imersão na literatura e no exercício da experiência a partir de outras estéticas, outros gestos e expressões de linguagem –, que possibilitam o encontro com diferentes universos simbólicos e muitas vezes o reencontro com as próprias raízes. Tais práticas passam por um processo de tradução, de reinvenção, de reelaboração "para atingir não necessariamente, os objetivos iniciáticos, mas os de natureza educativa" (Pereira; Gomes, 2002).

Ao serem transpostas para o universo da escola, as tradições se metarmorfoseiam e são ressignificadas, ao mesmo tempo que provocam interferência nas camadas de sentido próprias da cultura escolar e da cultura daquela escola especialmente. A relevância do trabalho com os saberes populares se encontra não em uma tentativa de imitar os modos de ser, viver e sentir de comunidades tradicionais. Muito mais do que isso, o que se busca, antes de tudo, é romper com anos de silenciamento das culturas populares dentro da escola, possibilitando que diferentes modelos culturais sejam tomados em pé de igualdade, uma vez que é a partir deles que "os indivíduos encontram os recursos para atribuírem sentidos às suas experiências e aos mundos em que

Ilustração: Eduardo Natividade Mattos

vivem" (Pereira; Gomes, 2002, p. 22). A proposta é que a mescla da cultura da escola com os elementos das culturas afro-brasileiras, ameríndias e da infância, nas margens que se tocam, outras novas formas de fazer educação se façam possíveis, permeadas pelo sopro do sagrado, pelo encantamento, pelas festas populares e por experiências mais fecundas e significativas capazes de afetar e ampliar as formas de encontro com o outro, com a ancestralidade e com a própria identidade.

Compreendendo que "o trabalho do educador seria desvelar o que está por detrás da aparência das coisas" (Freire, 2018, p. 90), que educar na ação é refletir/agir sobre o que se faz, sobre como se faz e sobre por que é feito, que o caráter educativo é aquele sustentado pela prática de liberdade, construímos uma cultura de escola norteada, ano após ano, pelo que denominamos uma Pedagogia de Cortejos. São os cortejos que estruturam a práxis pedagógica da José Calil. E aqui cabe pensar: o que são e por que fazemos os cortejos? Como os cortejos se relacionam com o currículo da escola?

Entendemos que Cortejo provém do italiano *corteggio* – escolta de honra que faz lembrar uma corte principesca. Procissão. Ação de cortejar, de tratar com cortesia, aquilo que se usa para acompanhar alguém, galanteio, gentileza, pompa fúnebre. Também tem relação com palavras como quantidade, acompanhamento, caravana, viajante, prolongamento, ir na cola, ostentação, espetáculo e mostra de gente.

Não poderíamos ter escolhido uma palavra, um movimento, um acontecimento mais substancial para apresentar nossa escola: cortejos. Enquanto ela desfila, valorizando e respeitando o protagonismo das crianças, dos jovens e de seus professores e professoras, acrescenta, acolhe, acompanha, produz o sentido de pertencimento e da multiplicidade de vivências e aprendizagens. O desfile segue ao som dos tambores, atribuindo cores, incluindo saberes e sabores em sua caravana. Saberes das procissões de reis e de rainhas coroados(as), da educação para as relações étnico-raciais e da brincadeira do Bumba-boi. Aquece, acolhe contos, oralidade, acalantos para as crianças e aconchego para a diversidade de famílias que compõe aquela comunidade escolar. Nos cortejos de conhecimento, há as trocas e compartilhamentos das experiências vividas e aprendizagens constituídas em cada sala de aula e em cada grupo de alunos em particular. Promessas de um futuro permeadas pelos sonhos do presente, contados pelos ancestrais. Cirandadas em movimentos com as crianças que habitam, produzem conhecimento e culturas e são por eles afetadas nos pequenos territórios que elaboram e promovem transbordamentos, sentimentos, emoções e modos próprios de ver e viver o mundo ao redor.

Falamos de uma percepção de mundo que é sensível porque passa pela construção de uma Memória social e afetiva que se constitui na relação com cores, sabores, cheiros, ruídos, dores e prazeres. Uma percepção que é também estética, ética e cultural. No caso da escola, a concepção de uma Pedagogia de Cortejos implica fazer escolhas de abordagens curriculares que envolvam buscar determinados enfoques, fazendo seleções, realizando recortes e estabelecendo montagens e composições que consigam abranger modos diferentes de ser e de estar no mundo.

Assim podemos pensar que cortejar e/ou apresentar-se em Cortejos no cotidiano da escola nos diz sobre os modos como nos encontramos com o outro nos espaços/tempos de nossas experiências vividas, sobre os modos como cortejamos as diversas máscaras que o mundo é capaz de nos mostrar. Diz também sobre os modos de lidar com o conhecimento, buscando acompanhamento "por ocasião de cerimônia, procissão e séquito", em giros constantes de trocas de saberes, de compartilhamentos do vivido e do inventado.

Os cortejos configuram nossa cultura de escola à medida que perpassam e são perpassados por nossas intenções pedagógicas decoloniais. Vivenciá-los significa nos tornar brincantes, reinventores de papéis e de lugares sociais. Significa ainda a liberdade para podermos optar pela fartura das letras e das expressões artísticas, pela cadência dos tambores, pela afirmação dos corpos, pelos vínculos ancestrais e pelo desejo de festa.

Ao pensarmos numa finalização para esta apresentação, assumimos o Cortejo de Reis e Rainhas Coroados(as) como referência para pensarmos uma pedagogia do sensível, capaz de favorecer o compartilhamento de experiências com as culturas de diáspora, dos simbolismos e da expressividade afro-brasileira. Este trabalho nasce, portanto, do desejo de contar, narrar, inventariar, guardar memória e puxar fios reflexivos de um cortejo tão cheio de histórias e inventos de meninos e meninas e seus professores no encontro com suas ancestralidades e no encontro, não menos importante, com uma possibilidade de mundo outro, mais justo, amoroso e plural.

Roda dos coroados:
reinvenções do congado na escola

Cheguei na casa do rei, meu destino é cantar!
Sá rainha me falou, pisa nesse chão devagar!

Canto do Reinado do Rosário de Jatobá

Rodas, cantigas, cirandas, cortejos, meninos rodopiando, professoras brincantes. Chão de escola regado a pétalas de flor. É isso que contaremos neste pequeno inventário das memórias vividas e recriadas nestes Tempos de Reinados com forte inspiração congadeira. Tempos que são vividos na escola, há quase dezoito, anos com meninos, meninas, suas famílias e educadores.

Podemos caracterizar o Congado como um folguedo afro-brasileiro de origem Banto que tem suas origens ligadas à devoção de Nossa Senhora do Rosário e aos santos pretos (Santa Efigênia e São Benedito), mas que também remete a uma viagem no tempo dos ancestrais. É importante ressaltar que os festejos do reinado apresentam uma estrutura extremamente complexa, ancorada em uma ritualística que desafia qualquer interpretação apressada de toda a sua simbologia, que envolve cumprimento de promessas, cantopoemas, cortejos solenes, leilões, coroação de reis e rainhas e tantos outros elementos. O mito fundador que sustenta o imaginário das congadas, narrada na voz de velhos congadeiros, gira em torno da retirada de uma santa das águas do mar: Nossa Senhora do Rosário ou "Umbanda Berê Berê, diondê de calunga uaiá"[5], como é saudada em língua quimbundo pelos bantos e que significa "mulher bonita, senhora das águas do mar". Uma das versões mais recorrentes desse mito fundador, encontrado em Minas Gerais, nos conta que, no tempo da escravidão, negros escravizados viram uma imagem da santa vagando no mar.

Senhores brancos, donos das terras, resgataram a santa e a colocaram em um trono dentro de uma igreja construída pelos negros, e na qual eles foram proibidos de entrar. Entretanto, no dia seguinte, a santa havia retornado para o mar. Então os senhores mandaram um padre ir em procissão levando cantos, preces e um andor cravejado de pedrarias buscar aquela santa que pairava sobre as ondas. Ela foi colocada no altar de uma igreja toda de ouro e trancada lá dentro. Acreditava-se que assim ela não voltaria para as águas. Mas, para a surpresa de todos, no dia seguinte ela havia retornado para o mar. Então, os negros que estavam na senzala, atentos a toda aquela movimentação, quiseram tentar a sua sorte e resgatar a senhora da coroa brilhante. O primeiro

Ilustração: Joice Oliveira de Souza

grupo que foi até a praia era de congo. Apresentaram suas danças ligeiras, seu ritmo saltitante e indumentárias feitas com fitas coloridas, pedrarias e pingentes de brilho.

Eles cantaram e dançaram; a santa se movimentou, levantou das águas, mas não os acompanhou. Chegou a vez dos moçambiqueiros, pretos velhos, de pés descalços, vestes simples, que traziam seus três tambores escavados em troncos de árvore e revestidos por folhas de inhame e bananeira. Com seu ritmo lento e denso, sua voz grave, suas gungas e patangomes, encantaram a santa, que acabou por sair das águas sozinha e de livre vontade. Ela se acomodou em um dos tambores, o maior deles – Gomá –, no qual foi levada até uma capelinha de madeira muito simples,

de onde nunca mais saiu, se tornando, dessa forma, a santa protetora do povo preto, que a cada ano reatualiza esta história nos seus reinados e no toque dos seus tambores.

Nesse sentido, podemos compreender o Congado como uma forma de resistência pelo sagrado e pelo festivo, uma vez que ele se vale da rememoração ritual dos tempos das origens e também remete à subversão da realidade, que ocorre através da inversão dos papéis e das relações sociais (como ocorre, por exemplo, com a instituição do tempo\ espaço do Reinado, a partir da coroação de reis e rainhas oriundos das camadas sociais desfavorecidas economicamente). Dessa forma, podemos entender o Congado como uma tática que o africano, chegado em terras brasileiras, encontrou (e que vem se perpetuando ao longo do tempo por meio dos seus descendentes) para refazer a sua cultura, reconstituir e criar laços solidários entre o seu povo, fortalecendo assim a sua memória para, desse modo, ser capaz de "vislumbrar com mais amplitude o seu estar no mundo" (Pereira, 2005, p. 21).

Em Minas, os festejos do Reinado constituem e fundam uma das mais ricas e dinâmicas matrizes textuais de memória banto, que, para além dos aspectos devocionais, se faz em prática de resistência festiva e poética, nascida e tecida em contextos de dor, opressão e sofrimento; um movimento inventivo de subversão diante das lógicas cruéis e desumanas impostas pelo modelo colonial. Em última instância, podemos dizer que se trata de uma tática de reconstituição e reinvenção de reino fundado no espaço/tempo da memória, da fabulação e do encantamento do mundo.

Assim, estando a par de toda riqueza simbólica desta criação cultural, surgiu o desafio de trazer alguns elementos do Congado para dentro da escola pública e laica não como espetáculo ou como folclore, um saber de segunda ordem, mas como um conhecimento legítimo fundamental para a formação identitária e simbólica de crianças e adolescentes e também de suas famílias.

Ilustração: sem autoria

Nosso primeiro encontro com os imaginários do congado mineiro se deu a partir do encontro com o livro *Os Reizinhos do Congo*, cuja autoria é de Edmilson de Almeida Pereira, no ano de 2006, envolvendo uma turma de Educação Infantil. Na obra em foco, o autor se vale de versos, trechos de cantigas, bem como de narrativas e das delicadas ilustrações de Graça Lima, para transpor a riqueza do congado para o imaginário das crianças. No livro, encontramos a história do Reizinho do Congo e de Sá Rainha menina, histórias dos tempos de África e da travessia do Atlântico, histórias de quando chegaram as toadas, de quando aconteceram encontros com o fantástico e o maravilhoso. Graças àquelas narrativas, uma menina pequena reconheceu suas tranças grossas e pretas nos cabelos de Sá Rainha Menina. Nasceu nela o desejo de se fazer rainha; as palavras-poemas a convidaram a imaginar outros mundos e paisagens, que começaram a fazer parte dos brinquedos das crianças; as ilustrações, tão lindamente cuidadas nas páginas daquele livro, convidaram-lhes a experimentar novas estéticas.

As rodas brincadas se fortaleceram e multiplicaram em tantas outras rodas: rodas de cirandas, cantadas, dramatizadas e brincadas envolvendo indumentárias, danças e tambores; rodas de histórias ancestrais; rodas de conversas; rodas de costura de bonecos e bonecas de reis e rainhas congas feitos de pano; rodas de confecção de pequenos chocalhos feitos à moda dos patangomes (instrumentos musicais típicos das guardas de Congado, com seus recheios de lágrimas de Nossa Senhora); rodas de aprendimentos com mestres, mestras, capitães de congado, guardiões legítimos dessa tradição em suas comunidades de origem; rodas de desenhos em que os lápis pretos e marrons foram tão cotidianamente usados para representar a cor da pele que precisaram ser adquiridos separadamente. Um momento houve em que as crianças quiseram escrever uma carta para as fabricas de lápis coloridos sugerindo trocar cores pálidas pela duplicidade do lápis marrom e do preto.

No redondo acolhedor das rodas, o imaginário do Congado vai chegando e sendo cuidado pelo gesto das crianças e de seus professores. Dessa forma, o nosso fazer congadeiro no interior da escola pôde ser desenhado, tendo sempre em vista a vivência dessa celebração tão antiga permeada pelo sagrado, pela musicalidade, pela dramaticidade e alegria. Nosso intuito foi o de valorizar as origens afro-brasileiras e também o de reviver práticas de memória. Um rei e uma rainha coroados, o toque dos tambores, a folia. Assim girando na roda, a poética da Congada pôde chegar à escola com respeito às tradições e fazendo reverberar o jeito de quem brinca, de quem recria, de quem sente e percebe os movimentos de sofrimento e de dor dos povos pretos da diáspora africana. O Congado se viu assim, reinventado na brincadeira de menino e menina, pontuado pelas cantigas e batidas de tambor típicas dos cortejos nos seus locais de origem.

Aquela primeira roda de coroação realizada no ano de 2006 deu origem a uma caixa de memórias do primeiro cortejo de Reis da Escola José Calil: uma caixa de sapatos enfeitada com estrelas e brilhos que levava dentro dela alguns objetos que foram significativos para as crianças ao longo do tempo que brincavam a roda das realezas negras. Na caixa foram colocados os bonecos de pano do Rei e da Rainha Conga, confeccionados pela professora de então e pelas crianças, os chocalhos de lágrimas de Nossa Senhora e o livro de literatura *Os Reizinhos do Congo*, inspiração poética para toda aquela vivência. Também foram incluídos um caderno de registros com fotos e desenhos das crianças e os versos jogados na roda, uma fita cassete com as vozes das crianças cantando as toadas congadeiras, além de um pequenino chaveiro estampando a fotografia do primeiro reizinho coroado: Heleno. A ideia de compor o chaveiro foi do pai de Heleno, na intenção de guardar o Tempo de Reinado de seu menino. Dessa forma, a caixinha surgiu como guardiã da memória do que se viveu, impedindo que a experiência fosse esquecida por aqueles que a presenciaram, ao mesmo tempo que também foi capaz de contar o que se viveu para aqueles que não estiveram presentes durante o tempo em que brincamos, cantamos e dançamos na nossa primeira roda de coroação de reis.

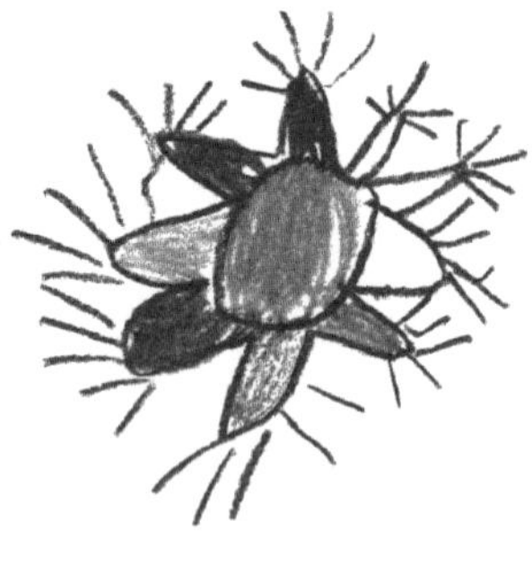

O ano de 2006 foi apenas o primeiro de muitos outros cortejos de coroação, pois logo as rodas das crianças pequenas foram seduzindo e convidando as crianças mais velhas, que também queriam cantar aquelas canções, vestir coroas, capas, espadas e tocar tambores. Foi se constituindo, assim, uma tradição de escola que vigora até hoje, tecida por uma trama de inventos e memórias de crianças, adolescentes, educadores e familiares inspirada nos encontros e conversas com mestres congadeiros que partilharam conosco seus saberes e suas vivências ancestrais.

A tessitura dos inventos foi tramada no movimento das artesanias. Um movimento nascido sem uma cartografia prévia, sem um planejamento antecipado; um movimento que foi se fortalecendo no gesto de muitas mãos, movimentos coletivos, incessantes e inventivos das muitas zabelês que naquele contexto apresentavam suas habilidades, narrativas de família e inventividades. Zabelês, como indicamos antes, são aquelas pessoas que com seus cuidados movem e tecem as ritualísticas, "fazendo da Ingoma um jardim"[6].

Dessa rede de inventos foi se formando o que chamamos hoje, depois de anos, de Cortejo dos Reis e Rainhas coroados. O fio da primeira roda rítmica inspirada na congada na Educação Infantil foi envolvendo aos pouquinhos a escola inteira.

Nasceu assim o desejo de outras crianças receberem coroas, de cantar em roda aquelas canções que pareciam ser conhecidas desde sempre e que tocavam tão fundo no coração e nos imaginários daqueles que participavam daquelas rodas. Também foi crescendo o desejo de adentrar os mundos fabulescos tão fortemente vinculados à ancestralidade e às histórias de vida de muitas daquelas crianças e suas famílias. Uma ritualística, pautada na fundação de reinados, foi tomando forma.

Num certo dia, na plenitude de uma roda com as crianças pequenas, envolvendo outras mais crescidas, surgiu a ideia de coroar meninos e meninas do quinto ano. Um fio narrativo foi se elaborando com base na ideia de que aquelas crianças que reivindicavam para si a coroa já sabiam as "histórias e participaram da construção da caixa de memórias". Cartas de intenção ao reinado foram aparecendo e logo surgiu a primeira Rainha Conga na turma do quinto ano. O par com o Rei se constitui nas lembranças das práticas vividas na Educação Infantil. Sendo assim, as coroas passaram dos pequeninos

Ilustração: Davi Rodrigues

para as crianças mais velhas. Muitos protagonismos adentraram a festa, compondo ciclos e círculos de cantares, danças, performances, atuações e gestos compartilhados. Na turma do quinto ano seriam escolhidos, todos os anos, um rei e uma rainha, que reinariam por um ano, quando passariam a coroa para as novas realezas.

Outros argumentos foram construídos a fim de garantir que as coroas fossem apresentadas por aquelas crianças: uma justificativa plausível era a de que elas, com 10 ou 11 anos, já tinham "tempo de experiência de festa", compartilhavam uma trajetória festeira, conheciam as músicas, as narrativas e a tradição dos coroados na escola.

Nós educadores sabíamos também que, aos 11 anos, as crianças alcançam a passagem da infância para a adolescência. Suspeitávamos de que o tempo onírico da imaginação e da fantasia brevemente cederia lugar a uma outra forma de olhar o mundo e dar sentido às coisas. Podíamos supor também que o mesmo menino e a mesma menina que sonhava em vestir capa e coroa, portando espadas, talvez um pouco mais tarde olhasse para aqueles mesmos objetos como algo pertencente ao reino da infância, do qual, rapidamente, eles aos poucos se despediam.

Para as crianças e para nós educadores fez sentido tornar o Cortejo de Reis e Rainhas um rito de passagem da infância para a adolescência, e assim ficou combinado. Mas como escolher dali pra frente um rei e uma rainha? Quem mereceria ser coroado? Das questões nascidas das intervenções das crianças no curso da festa de coroação, e também de nossos olhares para os movimentos daquelas invenções e a repercussão delas na comunidade escolar, surgiu a ideia de os candidatos e candidatas escreverem cartas de intenção, justificando seu desejo à coroa a partir do vínculo que estabeleciam com a festa, da relação com sua ancestralidade e dos conhecimentos que tinham sobre a cultura popular congadeira. As cartas, então nascidas de movimentos de escrita pautados nas rodas de conversa, mediações de leituras literárias, filmes e textos de naturezas distintas, abordando a condição dos africanos escravizados a partir da travessia do Atlântico e das suas formas de resistir à barbárie, conduziu as crianças, meninos e meninas, a se conectarem com os fios da sua própria história. Foi então que as marcas étnico-raciais da negritude se tornaram tão fortes e tão marcadas nos textos das crianças que a leitura pública de tais cartas de intenção passou a garantir a coroa para as crianças negras, orgulhosas de seu pertencimento e de sua origem familiar. Passamos então a conhecer histórias de avós e avôs negras e negros, que conheciam segredos de ervas e processos de cura, bem como as canções e os segredos da participação deles em festividades e comemorações populares. Os Tempos de Reinados foram se ampliando e abrindo espaço para uma dinastia de reis meninos e rainhas meninas na tradição que a cada ano se inventa e reinventa na escola.

A cada ano uma moda nova acontece: a chuva de pétalas de rosa; as coroas bordadas a mão pelos próprios adolescentes; o cajado que guarda o nome de cada rei e rainha pirografado na sua madeira, o nascimento do grupo de tambor mineiro "Na Batida", afirmando a participação de adolescentes nas festas de coroação. Cada indumentária feita de antigos tecidos e roupas e amarrações genuínas, cada cantiga, cada artefato, cada cenário, instrumento e ritualística foi deixando e inserindo na história da escola as marcas do protagonismo de infâncias, adolescências e de criações de professores.

O espaço ritual da festa se fez espaço e tempo propícios a uma pedagogia própria, uma Pedagogia de Cortejos, com suas metodologias e modos de fazer que se apoiam nos princípios de cooperação e circularidade. A festa só acontece por envolvimento, ação e encontro de um conjunto de pessoas que elaboram e tecem materialidades, símbolos e signos que irão sustentar cada evento como um acontecimento. Para além do aspecto da cooperação da coletividade, a circularidade é outro princípio fundante e organizador de uma metodologia brincante, pois, a partir da repetição do ritual (que a cada ano se reinventa, mas mantém certas constâncias), um ambiente extremamente generoso de ensinar e aprender vai se fazendo. Percebemos uma poderosa troca de saberes e fazeres entre gerações, pois cada criança, cada adolescente e cada educador(a) tem assegurado um lugar de participação importante e fundamental na ritualística. Dessa forma, as crianças pequenas, que participam como brincantes, são responsáveis por trazer a alegria, com seus movimentos leves e soltos, risos e vozes agudinhas sustentando a força do canto. São elas também que carregam as coroas e jogam pétalas aos pés das realezas: "Tá caindo fulô... no céu, na terra ... êêê! Tá caindo fulô"!

Quando chegam ao quarto e quinto anos do Ensino Fundamental, elas vão assumir um maior protagonismo no folguedo: agora fazem parte da guarda, desempenham papéis centrais como os de capitão e capitã de guarda, mestre do canto e porte da bandeira. Elas vão entrar na maior complexidade dos sentidos e significados da festa. Já em curso do quinto ano, podem se candidatar a receberem as coroas, mediante as cartas de intenção e outros combinados. Se até então elas vivenciavam a festa e seus preparativos a partir do aprendizado de cantigas, na confecção de desenhos e no encontro com as muitas narrativas que envolvem o universo congadeiro e os contos de tradição oral africano, por volta dos 9 anos são convidadas a conhecer a congada – folguedo que inspira em muitos aspectos nosso cortejo de coroação – como uma cultura de diáspora, uma cultura de festa e de resistência; precisam conhecer os dramas e tristezas que envolveram a travessia do Atlântico quando os africanos foram trazidos para o Brasil nos navios tumbeiros na condição de escravizados. Entrar em contato com as marcas de dor, com a diáspora, a árvore do esquecimento das memórias ancestrais, é condição necessária para que as crianças possam compreender e sentir a congada como uma expressão festiva, alegre, poética, mas não menos guerreira. Em terras brasileiras, o povo africano se (re)iventou na construção das congadas,

sustentando suas lembranças, constituindo Memória, fazendo História e afirmando identidades frente à barbárie em que eram (são) obrigados a viver: há um racismo que perdura em nosso meio, dentro e fora das escolas, que precisamos enfrentar com seriedade e compromisso político para a sua erradicação.

Do sexto ano do Ensino Fundamental em diante, as crianças, agora adolescentes, adentram uma camada ainda mais complexa no entendimento dos sentidos do folguedo como forma de resistência. São convidadas a assumirem o pulso e o ritmo bem no coração da festa: elas têm o direito ao ngoma, os tambores que sustentam todo o ritual. Meninos e meninas "coração de tambor"!

Percebemos assim uma pedagogia intergeracional imensamente gentil em que os aprendizados se fazem no tempo da contemplação, da atenção aos mais velhos, dos movimentos de repetição constante e cíclica, na espera paciente de um dia poder ser coroado(a), de um dia empunhar a espada de capitão(ã) de guarda, de um dia poder tocar tambor. Sentimos a força e a presença de uma Pedagogia feita de delicadezas e profundidades no espaço ritual da festa.

Mesmo transformado, reinventado, esse Cortejo de crianças e seus tambores reatualiza no presente uma prática ancestral que perpetua a memória do vivido em outros tempos e espaços. Quando o Congado é deslocado de seu ambiente original e levado para o contexto escolar (uma escola pública, laica que deve respeitar e acolher a diversidade de crenças e modos de significar a vida), ele se transforma à medida que alguns elementos permanecem (como as cantigas, danças, narrativas, instrumentos e indumentárias), enquanto outros passam a ser abordados com menos destaque (como os devocionais e religiosos).

Importa dizer que, mesmo com todos esses cuidados na confecção do folguedo, a vivência com as tradições populares na escola não se faz sem conflitos e tensões. Somos convidados(as), a todo momento, a dialogar com as famílias, a nos colocarmos na condição de escuta e a buscar palavras capazes de comunicar à comunidade escolar sobre não pautar as festas de coroação como práticas religiosas ou devocionais, mas sim como uma pedagogia vinculada ao direito das crianças de conhecerem e valorizarem as suas origens, bem como as belezas e histórias de suas matrizes culturais.

O tempo de reinado de meninos reis e meninas rainhas tem início todos os anos no mês de agosto e se estende até novembro, com o preparo de um tempo festivo de aprofundamento dos encontros com a ancestralidade, com a história do povo negro e suas culturas de diáspora e com os fios que nos unem enquanto brasileiros às nossas matrizes culturais de referência.

Uma trajetória de saberes e fazeres que é percorrida em uma temporalidade cíclica que se repete e se renova a cada ano, sendo tecida a partir do tempo cumprido, aprofundado e lento que é próprio da experiência. Dessa forma, infância, juventude, culturas populares e escola se entrelaçam por meio dos fios da festa, das memórias, dos afetos e da afirmação de suas identidades.

Entendemos os cortejos, portanto, como um campo de experiência que está no limiar do ambiente de delicadezas e das sutilezas das criações estéticas e das práticas de resistência. A escola é então esse lugar propício às invenções, diferente da festa de devotos e dos seus lugares de origem. Realizamos cortejos inspirados nas congadas, mas inventados na escola, trazendo para dentro dela as toadas, a dramaticidade, a expressão estética, a brincadeira e a reverência aos saberes de mestres e mestras guardiões das tradições. Estamos cientes da responsabilidade que temos para não perpetuar a ausência das culturas populares no ambiente escolar. A nossa proposta é a de que a presença dos elementos da cultura tradicional dos congados que permanecem seja capaz de garantir que um pouco da trajetória de velhos congadeiros seja contada aos meninos e meninas de hoje, mesmo em lugares onde essa tradição já não vive. Esperamos que, por meio das crianças e adolescentes, ela seja perpetuada e recriada nas suas rodas, nas suas brincadeiras, tecendo vínculos entre o presente e o passado, encontrando o futuro.

Entre os anos de 2006 e 2022, muitas histórias sobre os cortejos reinventados na escola que fazem reverência às tradições mereceriam ser contadas. Algumas delas, passaremos a contar neste livro, que promete se apresentar como um inventário de práticas vividas na Escola José Calil Ahouagi sob diferentes formas de expressão e contextos de criação: relatos, narrativas, canções, fotografias e desenhos tramados no cotidiano da escola, que neste contexto de produção se apresentam como um tributo prestado aos povos da diáspora africana e a seus descendentes.

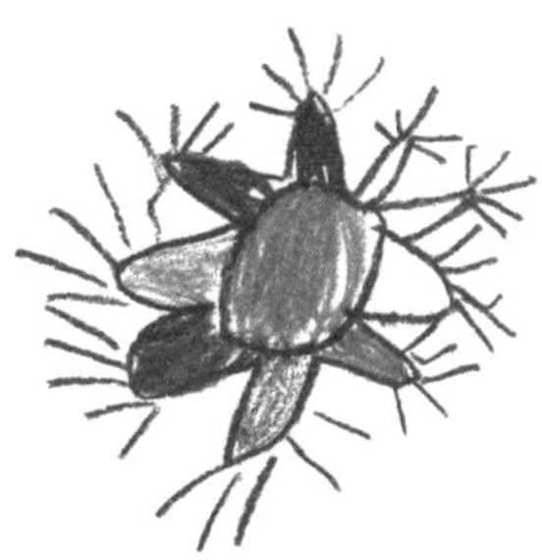

Maria Fernanda

Coroas, capas e espadas:
vestes que se inventam na guia dos ancestrais

Virão gentes de todas as partes.
Uns com tecidos de ontem, outros com o coração à mostra.
Muitos com os pés descalços para danças sem descanso.
Hoje é o dia esperado!

Edmilson de Almeida Pereira

Tudo, no grande espetáculo da vida, nos indica movimento. Na escola o mesmo acontece. Pensar nas circularidades dos movimentos, em seus encontros e desencontros, tensões e levezas nos leva a perceber os elementos afetivos, sensoriais, intelectuais, imaginativos, verbais e expressivos que indicam os simbolismos que criamos. De forma contínua, elaboramos símbolos e signos, como também a estética que os envolve. Tal função, a simbólica, são expressões das humanidades que nos constituem. Se constituem como imagens. Segundo Jung (*apud* Pereira, 2000, p. 412), as chaves que nos dão acesso a determinadas portas de significação concretizam-se como símbolo numa "imagem que nos pode ser familiar na vida diária, embora possua conotações especiais além do seu significado evidente e convencional". Podemos supor então um sistema de representações e modos de significar aquilo que se percebe nas relações de convívio social. Isso implica estabelecer relações e fazer associações.

Para apresentar os modos como compreendemos os cenários que envolvem os cortejos e as coroações, propomos um olhar sensível para as apropriações e leituras que as pessoas envolvidas na recriação do congado naquele ambiente escolar fazem. No entanto, importa dizer que todo esse processo acontece na escola mediante leituras e releituras de diferentes suportes textuais, orais, artísticos e imagéticos que, ao longo dos anos, formaram o acervo de materiais e referências para estudos e pesquisas sobre a cultura popular e o congado.

Quando da abordagem dos objetos simbólicos que compõem as indumentárias de reis, rainhas, capitães, guardas e brincantes nos seus cortejos, estaremos considerando o olhar dos participantes da festa, independentemente do protagonismo nas vivências dos reinados. Cada um teve e tem contato com a festa de maneira diferente. No entanto, a escola apresenta suportes e referências para favorecer o entendimento sobre os princípios e fundamentos da criação da Congada como elemento unificador das culturas popular e afro-brasileiras que passam,

Ilustração: Valentina Vitória Soares

necessariamente, pelo encontro com a ancestralidade negra e com as histórias da diáspora africana.

Entre a alegria do festivo, cultivada na estética, nas danças e nas canções que embalam os cortejos, e os sentimentos de dor, provocados pelo encontro com as narrativas do tráfico, da escravidão e das lutas pela liberdade dos escravizados em terras brasileiras, a escola e a comunidade escolar foram construindo maneiras próprias de caminhar. Passamos então a acolher contribuições de naturezas diferentes. Ao nos abrirmos para tais expressões de solidariedade e afeto, precisamos dialogar, estabelecer novas regras, criar novos contextos de criação de cenários, rouparia e acessórios, instigando, dessa forma, crianças e jovens a pensar sobre aquelas insurgências poéticas.

Trazer a dimensão simbólica de tais insurgências evoca lembranças molhadas nas relações do cotidiano daquela escola que muito nos afeta, considerando uma expressão comum quando da experiência com a cultura congadeira na escola: o encantamento. É ele, nas suas bordas e profundidades, que instiga a começar sempre de novo, mas não do mesmo modo: coroas, capas e espadas estão sempre lá, à espera de serem retiradas dos cantinhos onde são guardadas por quase um ano inteirinho e retornadas à vida com a força dos seus simbolismos. Vivenciamos ao vivo e a cores o fenômeno das significações no encontro com os artefatos e as indumentárias usados no acontecimento das coroações, desde o tempo daquele primeiro reizinho coroado em 2006 e daquela primeira rainha menina de cabelos trançados que levava "os pássaros em sua cabeça" (Pereira, 2004).

Coroas, capas e espadas foram acontecendo, bem como o gestual e o ritmo das cantigas, danças e repiques dos tambores no farfalhar ouvido nos bastidores da festa. Os encontros com avós e avôs, embalados nas narrativas familiares compartilhadas, nos fizeram crer na amplitude daquelas experiências e das belezas que elas nos proporcionavam.

Falar de tais encontros e composições nos faz rememorar envolvimentos com pessoas diferentes que, ao se depararem com o festivo daquela comemoração, desejaram contribuir a seu modo, criando artefatos, acessórios, roupagens, turbantes, amarrações de tecidos, gestos, marcações rítmicas que muito contribuíram para uma liturgia que aos poucos foi constituindo um ritual na cultura da escola.

Sendo assim, mães, avós, professores e professoras, crianças e jovens, passaram a oferecer para a escola produções genuínas, também simbólicas. Compreendemos, e com gosto aceitamos, as parceiras que se estabeleceram como amplitudes, verdadeiras janelas abertas aos atos e elaboração das experiências vividas nos cortejos e nas coroações.

Coroas, capas, espadas, bem como outros objetos simbólicos absorvidos naquele movimento festivo, investiram nas crianças e jovens, protagonistas do folguedo, a força vital, rica de lembranças familiares, de Memória e de Histórias ancestrais que marcam modos de ser, de expressar e de narrar o passado da chegada de africanos escravizados em terras do Brasil, assim como as suas lutas e resistências. Essa força vital que liga as crianças e os adolescentes às suas origens permeia os processos de estudos e preparação da festa, como também a sua realização. Talvez, por esse motivo, em comunhão com cada expressão de maravilhamento estão as lágrimas, partículas da emoção que unificam e aproximam as pessoas na defesa daquele evento que a cada ano se renova.

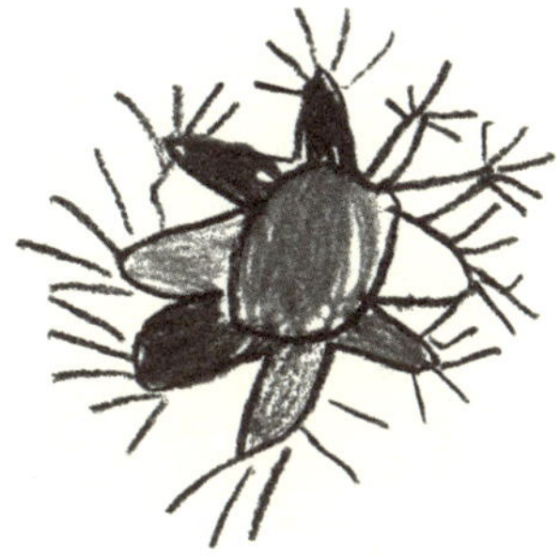

BANDEIRA

Dorinha nos presenteou com um estandarte vermelho, cheio de fitas coloridas na borda de baixo. Sem conhecer os fundamentos da Congada, criou uma bandeira para o Cortejo de Reis. Afinal, são elas, as bandeiras, que abrem os caminhos para a festa acontecer, guardam as moradas dos reis e das rainhas perpétuos no congado tradicional. São elas que protegem as coroas, indicam as origens e as marcas dos signatários das guardas que se organizam das mais diferentes maneiras, cores e composições dançantes. A avó colou uma imagem do Espírito Santo naquele estandarte vermelho e a rodeou de flores em tons de amarelo e laranja. Bonito que só vendo! Ela cuidou para que, fora do contexto da festa, aquela imagem fosse protegida por uma delicada renda branca. Logo que o estandarte chegou e foi apresentado para as crianças, uma delas exclamou: "é a pomba da paz!". Pronto, o batismo da bandeira estava feito, um acordo de paz foi selado. Daquele momento em diante, a pomba, símbolo da paz, tornou-se desejo compartilhado. Passou a marcar cada passo dos dançantes que acompanhavam os reis e rainhas coroados nos desenhos dos cortejos andantes. Até hoje esse estandarte está presente, embalando sonhos, desejos e emoções.

BASTÃO REAL

O pai de uma criança, Gabriela, apareceu um dia trazendo um cabo de enxada bem lisinho e com poucos nós. Deixou ali ao acaso. Então, quando, passado algum tempo, estava lá aquele cabo transformado num bastão real. Aos poucos se tornou testemunha da experiência de tantos meninos coroados reis. Nele foram inscritos os nomes completos de cada rei e rainha que tiveram seu reinado. Os cetros reais em diferentes culturas nas quais as formas monárquicas de governo persistem, servem de "vara de correção" para fazer valer a autoridade do rei perante seu povo. Estão investidos de poder, de lealdade do rei para com seus liderados e, portanto, são símbolos de compromisso e respeito às regras que cada majestade precisa seguir para honrar seu povo. Na escola, essa feição foi sendo dada àquele cajado. Até nos encontros de ensaio ele aparecia, autêntico nas suas inscrições e fitas coloridas. Um menino ou menina corria logo a procurá-lo nos mais diferentes esconderijos. Era colocado de lá e de cá, sempre que os giros do cotidiano da escola mudavam de lado. "Peraí, olha o cajado aqui!" E lá vinha alguém correndo para trazer o objeto e entregá-lo ao menino eleito. Mas é interessante dizer que, ao longo de tantos anos, tantos giros e mudanças na escola, aquele bastão nunca se perdeu. Parece mesmo que saiu da condição de objeto "enquanto coisa" e tomou seu lugar de regente dos ritmos do coração e da reverência às ancestralidades negras de cada menino e/ou menina *surundunga.*

BOLSA VERMELHA

A menina rainha não ficou atrás. Uma bolsa vermelha, enfeitada de fitas coloridas tal como o bastão real e estampada com uma coroa bordada em pedrarias, apareceu nos braços de uma coordenadora. Ela, a bolsa, rapidamente saiu de onde estava e logo se estabeleceu nos braços da menina rainha, no mais do tempo. Ela complementou a vestimenta das rainhas como uma flor que se abre no meio de folhagens viçosas e ricas de intensa cor esverdeada. Passava de uma à outra com a leveza do vento que assopra novidades. Àquela bolsa foi atribuída a função de transportar pétalas de rosa e perfumar os caminhos para as cortes passarem conduzindo as majestades. Tornou-se símbolo da amorosidade que toma o coração de uma rainha e a leva a lugares pouco conhecidos, mas que não lhe causam temor algum. É muito lindo ver as meninas coroadas caminhando assim, bem centradas e sérias, a jogar flores pelo caminho, retirando-as, delicadamente, com graça e beleza daquela bolsa que enleva e carrega maravilhamentos.

CAPAS

Era tanta gente buscando por capas de reis e rainhas que um saco de panos coloridos logo se transformou em espaço multiplicado de mantos esvoaçantes a dançarem nas costas de meninos e meninas pelos cantos da escola. Todos os dias, aquele saco era aberto e muitos panos eram partidos ao meio, rasgados mesmo, para voar ao vento amarrados como capas. Um dia aprendemos que, em algumas congadas, as guardas de reis usavam capa, criamos então composições de panos de chita, representando o despojamento das vestes do povo escravizado, e o cetim, representando os tecidos finos que compunham os trajes de realezas. Inspiradas pelas imagens que traziam aquelas capas tão bonitas, confeccionamos as nossas, mantendo o padrão dupla face. As cores mais variadas estavam ali apresentadas, compondo alegrias. Para cada capa colorida, um diadema de tecido nas cores azul e vermelho foi confeccionado. Os diademas passaram a compor as vestimentas das guardas de reis da escola. Sobre as cores vermelho e azul há significações que se referem a memórias ancestrais: o diadema vermelho faz alusão à participação dos reis nas batalhas travadas em África e também naquelas entre cristãos e mouros, travadas em terras ibéricas; o diadema azul indica a cor do manto da senhora retirada das águas e acolhida na simples choupana construída pelos povos escravizados. Rápida associação fizeram as crianças e jovens que se abrigavam naquelas vestimentas e, felizes, as exibiam nos cortejos.

Rafaela, Daniel, Luis Gabriel e Rafael

ESPADAS

As espadas chegaram de maneira inesperada. Nasceram dos desejos de meninos e meninas viverem os cenários das lutas entre cristãos e mouros, apresentadas para as crianças quando do encontro delas com a literatura que tratava dos congados de crianças na região de Ilhabela/ SP.

Num dia qualquer, assim por acaso, uma criança pediu jornal para fazer espadas de Ilhabela. Estavam em horário livre, de convivência, no pátio interno da escola. Os jornais foram surgindo e a confecção das espadas se tornou uma moda: todos e todas queriam construir as suas próprias. Em seguida surgiu a ideia de pintá-las com cores coloridas e amarrar muitas fitas, à semelhança daquelas espadas empunhadas pelas crianças que participavam dos cortejos que se apresentavam no livro. Foi rápida a inclusão daqueles objetos nos cortejos da escola e logo a fluidez das peças feitas de jornal deu lugar às espadas feitas de madeira e pintadas de dourado. Quando foram descobertas, nenhuma ficou de escanteio: um brilho tomou conta do espaço e, de mão em mão, agora reluzentes, as espadas apontavam, rodopiavam, instigavam gritos de guerra e gestos de batalhas. Mas, no ritual da festa, foram tomadas como gesto de saudação quando da entrada dos reis e rainhas coroados. As espadas passaram a simbolizar o poderio e as virtudes de quem as portava, indicando desafios, acordos e reverências. Caíram no gosto das crianças, que estavam sempre prontas a erguê-las e a criar, com elas, túneis de proteção e honra para a passagem das majestades e sua corte.

FLORES

Flores e pétalas de rosa sempre estiveram presentes: nas vestimentas, nos desenhos das crianças, nos tecidos das capas coloridas e na bandeira de entrada. Estavam nos imaginários, nas cantigas e nos cenários. Brotavam de todos os lugares ao mesmo tempo, mas a iniciativa de jogar as pétalas do andar superior do pátio interno foi de um grupo de professoras. Elas fizeram esse gesto repentinamente, de surpresa, talvez pela emoção que sentiam ao se deixar perpassar pela beleza daquelas composições todas. Se uniram para criar aquele movimento tão cheio de delicadezas. Alimentaram o desejo de muitas meninas participarem daquela chuva de pétalas: cada uma queria prestar honras aos coroados e experienciar o prazer da textura, das cores e dos cheiros das rosas desmanchadas em pétalas, que se disseminavam pelo espaço como estilhaços de um cristal quebrado em muitos pedaços. As pétalas poderiam ser tomadas como bons presságios dos reinados vindouros, anunciando esperanças.

Kauã (ao centro)

COROAS

Por fim, trataremos das coroas: como uma regalia oferecida a monarcas, as coroas são formas simbólicas de representar poder e legitimidade dos coroados. Elas estão vinculadas ao arquétipo do governante na condição de líder, guia e sábio. Uma coroa é símbolo porque representa algo existente, uma pessoa ou entidade que assume poder e liderança em épocas e culturas diferentes. Alude a imagens e acontecimentos que perpassam os imaginários coletivos e as formas de organização de poder distintas. Nas comemorações da Congada, as coroas são o símbolo máximo da realeza, que as recebe como um bem que indica respeito à tradição, à ancestralidade e às lembranças de poder e opulência dos reis em sociedades africanas. Possibilidades de realeza distintas têm funções diferentes na Congada e, portanto, se apresentam com formatos de coroas também distintos: Rainhas e Reis perpétuos ostentam coroas enfeitadas de pedras ou brilhos. Podem ser confeccionadas tendo como base o pano, o papel ou metal, além de outros materiais. Rainhas e Reis festeiros são temporários. Geralmente são pessoas escolhidas a cada ano para organizar os festejos, cuidando das doações e da alimentação dos devotos que acompanham a festa. As coroas também podem ser confeccionadas de materiais diferentes, mas algumas são ornamentadas com flores e jogadas ao aro: quem pegar assume a responsabilidade da organização da festa. Neste caso, a peça que indica a responsabilidade e compromisso ao ritual da Congada criada em terras brasileiras, rica de referências às culturas africanas. Na cantoria popular apresentada pelas guardas de reis e de rainhas, uma delas faz alusão ao brilho da coroa, indicando o lugar dos mais velhos e a sua sabedoria: "alumiou, alumiou, a coroa do rei alumiou". Um passo marcado num ritmo lento e saltitante anuncia o poder do Rei numa guarda de Moçambique que tem por função precípua cuidar da coroa, proteger, anunciar e honrar.

Na escola, cada tempo de reinado trouxe possibilidades de confecção de coroas diferentes. Desde aquelas parecidas com as festividades do Carnaval, passando pelas de papel colorido enfeitado de fitas e flores, até aquela bordada por Gabriela, seus alunos e alunas; as coroas criaram um tempo próprio de fazer acontecer. Dias e meses se passaram enquanto um grupo de meninos e meninas dedicados estavam a tecer com linhas e cores aquelas que seriam as coroas derradeiras até que o desgaste do uso as tornasse em lugar de relíquias. Por hora ainda estão lá, lindas e imponentes, com as formas arredondadas que lhes mantêm a magnitude de quem as recebe por direito e merecimento.

Vale dizer que a simbologia que envolve as coroações, os cortejos e os reinados tanto na dimensão da cultura popular quanto na esfera escolar nos leva também a outras paragens, considerando a dinâmica da criação de sentidos. Trata-se de trazer mais uma possibilidade para pensar as formas simbólicas do ritual das coroações na escola: a condição de alegoria. Na perspectiva de um autor que se debruçou sobre o estudo da alegoria como inscrição e como impressão, qual seja, Walter Benjamin (2004), as formas alegóricas criam impressões na alma. Isso porque estão impregnadas das impressões do mundo, da História e da Memória de cada sujeito na sua singularidade e também na sua natureza sociocultural. Significa supor que uma alegoria se constitui "nas faces do humano e da exposição mundana da história com todos os seus malogros e sofrimentos". São os enredos cotidianos a base para os atos de criação estética que envolvem a elaboração de imagens e diferentes formas de expressão de linguagem, tais como aquelas que se apresentam por meio da Arte, da corporeidade, da oralidade e da escrita. Podemos pensar que determinado objeto "só se torna alegórico pelo olhar do alegorista que lhe 'sorve a vida' para lhe garantir uma imagem que dele é abstraída" (Medeiros, 2021, p. 236-237).

Quantos velhos e velhas "sorvem a vida" em vivências cotidianas para garantir a sua sobrevivência e a de sua linhagem? Quantas mulheres e homens pretos fizeram chegar até nós os seus legados e as suas histórias de origem? Quantos mestres do Tempo e da Memória nos abriram as portas para criar nossos próprios modos e gestos de criação?

Na toada da canção "Velhos de coroa", de autoria de Sérgio Pererê e cantada com força na chegada dos cortejos na escola, toda gente se emociona:

(...) É de lei e é de Vera
É de lua é de luar
Vou seguindo entre os
espinhos
Sem sequer me arranhar
Pois meu velho abre
caminho
Ou me leva pelo ar

E toda a gente se emociona porque sente e percebe a força dessa prática educativa que traz histórias contadas de tantas maneiras diferentes. Histórias que precisam ser ouvidas e reatualizadas. Cada velho de coroa reverenciado na canção abre os caminhos para que possamos criar situações de aprendizagens significativas que se comprometam com a vida e o direito de cada criança e adolescente conhecer a sua história, valorizar a sua origem familiar, percebendo e combatendo juntos o racismo que atua de forma perversa e cruel em diferentes esferas da sociedade brasileira. A luta antirracista é de todos nós!

Cartas de coroação:

desejos, intenções e expressões de pertencimento[7]

A escrita de carta na escola compunha uma prática de afetos há muito experienciada. Num tempo, houve uma caixa toda trabalhada para que as cartas fossem colocadas. Houve um menino, Walber, que até se vestiu de carteiro. Lá estava também uma professora, Iolanda, que fez dessa prática um modo de ensinar as artes da escrita. O desafio de construir sentidos para a leitura e escrita na escola estava posto: pra que ler e escrever na escola? Pra quem se escreve?

Àquela época, o celular era aparelho de luxo, poucos faziam uso dele. E-mails e escritas pelo WhatsApp ainda não eram comuns. Então, o correio escolar, nas malhas do cotidiano, fazia todo sentido: era uma movimentação linda e leve não somente na produação escrita, mas na confecção de envelopes, papéis de cartas e selos artesanais. Adultos e crianças se envolveram naquela experiência que por um bom tempo esteve conosco dia a dia, todo o tempo e em todos os lugares. Importava para nós pensar que só "faz sentido escrever, se houver espaço para dizer não só o instituído" (Souza, 2003, p. 61).

Naquele movimento, a escrita estava integrada à vida, à emoção e aos sentidos. Estar na escola e sentir seus movimentos se traduzia naquelas cartas cuidadosamente produzidas, delicadamente acolhidas e entregues. Os cenários para as trocas das cartas se compunham de várias maneiras diferentes, em que caixas e cestos, fotografias, tecidos de diferentes texturas e cores encenavam pequenos cristais de afeto e discursividade que persistiam como documentos vivos dos acontecimentos partilhados[8].

Pra além do tempo de sua criação, aquela prática permaneceu viva. Intenções, desejos, cartas de agradecimento, cartas-poemas e de desabafo e outros escritos, cuidadosamente tratadas e acondicionadas para chegar ao seu destino, transitam em diferentes suportes na escola e transbordam na Festa de Coroação de Reis e de Rainhas em tempos de Reinados.

São os desdobramentos da prática da escrita epistolar partilhada no contexto escolar nos tempos dos Cortejos de Reis que tratamos nesta escrita.

Nós nos tornamos mais e/ou menos sensíveis às experiências de aprender e de ensinar quando deixamo-nos tocar pelas experiências que nos atravessam. Falar de processos educativos nesse sentido é o mesmo que falar da vida, das maneiras como construímos Memória e de como nossa percepção das pessoas e das coisas nos conduz para lidarmos com as diferenças, com a multiplicidade de versões sobre os acontecimentos e conhecimentos. É também pensar sobre a nossa capacidade de lidar com a dúvida. Um currículo que se estabelece em tais bases permite conhecer para além das escolhas e determinações de conteúdo.

No contexto de pensar e fazer vigorar processos educativos que perpassam modos de ser e de viver no mundo, os Cortejos de Congo como experiência de africanidade perpassam a cultura daquela escola e podem sugerir diferentes leituras de uma experiência social vivida por muitos. Compreender o Congado como herança e reelaborar tal expressão de cultura popular na escola abre janelas para pensarmos sobre "os meios que a linguagem simbólica" apropriada pelos participantes das experiências vividas no passado e no presente criam "contra-respostas à opressão e aos mecanismos de exclusão étnico-social" (Pereira, 2007, p. 87).

Ao tomar o Congado como traço de cultura, tentamos trazê-lo também como uma experiência de abordagem da Memória para o tema das relações étnico-raciais. Nesse sentido, passamos a lidar com experiências de memórias geracionais. Isso instigou novas configurações curriculares.

Mas de qual Memória estamos falando? O que podemos pensar sobre relação dessa Memória afetiva com o tema das relações étnico-raciais?

Vários recortes poderiam ser feitos, mas privilegiaremos aqui a relação entre memória e vida. Memórias molhadas nas relações, no curso das passagens das pessoas pela vida, transpassadas pelas ações de homens, mulheres e crianças no presente em relação ao passado e se lançando para o futuro.

A Memória é inscrição dos vestígios humanos, é receptáculo, conservadora, no entanto é também descarte, faz-se no esquecimento, nas reapresentações do passado. A Memória constitui-se no esforço da rememoração, do mesmo modo que no acaso da lembrança que brota nos odores e sabores que nos invadem, nas nossas sensações com as cores, com o frio e o calor, com o silêncio e os ruídos que nos interpelam. Memória se vale do intempestivo da lembrança que nos invade, nos faz rir e chorar, nos torna ressentidos e/ou capazes de perdoar.

Por tudo isso, educar para a compreensão da Memória não é tarefa simples, pois não estamos acostumados a pensar nas crianças como seres capazes de narrar experiências e partilhar lembranças. Pensamos nelas como arautos do futuro: sujeitos que aprendem com os mais velhos e anunciam as suas aprendizagens.

Importa considerar a construção social da Memória, que é permeada pelas experiências vividas e pelas lembranças narradas pelos outros, que chegam até nós por meio das narrativas que compartilhamos e das imagens que criamos. As celebrações e as comemorações são constituintes das memórias públicas e de nossas memórias individuais.

Diferentes modos de viver a coroação na escola aconteceram. As crianças foram crescendo e, com elas, os fios narrativos de tantas vivências e lembranças teceram redes. A experiência com os cortejos, reinados e coroações se enriqueceram de poéticas. E, nas franjas dos encontros e diálogos sobre conhecimentos e saberes que envolvem a Narrativa do Congado e das experiências poéticas, nasceram as cartas de despedida das meninas rainhas inaugurando novos modos de viver o cortejo. Novos modos no sentido de que a inscrição da saudade e das marcas de identidade social e étnica nos textos memoriais das crianças fortaleceram relações de pertencimento e de inserção naquele campo de conhecimento fundado em bases histórico-antropológicas.

Foram expressivas e singelas as Cartas de Intenção de Reinado escritas por Sâmara inicialmente (2011), e depois por Yasmin (2012). Elas instigaram outras crianças a produzirem seus próprios textos indicando as suas intenções de participação. Foi assim que soubemos que a avó de Jefferson faria aniversário e por isso ele não participaria da festa sob a justificativa de que "coração de avó é fraco, ainda mais no dia do aniversário". Também desse modo descobrimos que Eduardo gostava das festas porque achava "tudo colorido parecido com África".

Sobre as cartas das meninas Sâmara (2012) e Yasmin (2013), elas se tornaram referência para as escritas posteriores. Na mala de objetos de referência para os estudos da Congada, elas foram inseridas e, quando lidas, repercutiram profundamente nos corações das crianças. Não apenas porque elas apresentavam o apego à coroa, pois ambas dela não queriam se separar, mas pela maneira autoral como se colocaram: trazendo emoções e sentimentos, recortes de vida familiar, lembranças de antepassados e interações com as experiências escolares. No entanto, aquelas cartas de "Despedida de Reinado", escritas antes, instigaram a escrita de novas cartas, as que passamos a chamar de "Cartas de intenção ao reinado", que surgiram após tantos meninos e meninas "malungos", encantados com as histórias da Congada, disputarem, quase no grito, os seus desejos de coroa. No inusitado daquela pressão que as crianças do quinto ano exerciam sobre nós, já que, naquela época, Reis e Rainhas passaram a nascer naquelas turmas, ocorreu de dizermos para as crianças que escrevessem suas cartas de intenção e apresentassem para todos e todas os seus desejos de coroa. A instigação foi impactante e logo as cartas se tornaram parte do processo, assim como a eleição.

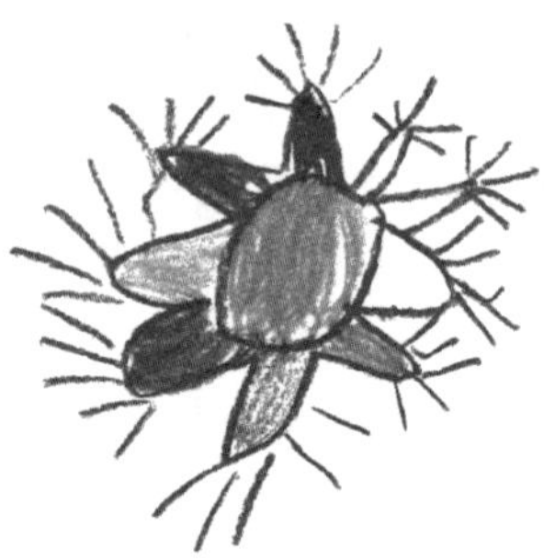

...z de Fora, 1º de novembro de 2012

carta de despedida

...ndo eu era pequena, ficava doida para
...a. Eu achava que tinha o direito de ser coro
...ria detalho por detalhe as histórias de
...das pela professora Gisa. Quando as m...
...am que era bom ser rainha pensei: "-
...s a ser coroada!" Eu já gostava e ado...
...upas e a coroa.

... um sufoco conseguir ser Rainha Congo p...
...era negra. Mais eu me sentia no dir...
...r porque tenho antepassados negro...
...a bisa vó Maria Joaquina, avó da m...
...era negra. Eu me lembro dela já doent...
... de uma cama. Ela morreu quando ...
... Hoje eu fico pensando que poderia te...
...rsado mais com ela porque a minha ...
...muito bem sobre ela.

..., eu tenho orgulho de ser descendente d...
...sei que eles ajudaram em tudo na ...
... Brasil: Nos conhecimentos das ervas; na pl...
...a de açúcar; na dança; no conhecimento
...a. Representar a Rainha do Congo é im...
...que representa o povo afrobrasileiro. Ser ...
...da Escola Municipal José Calil Ahouagi
... menina mais importante com respo...
... constante. Tem muitas pessoas que
... agradeço por terem me deixado assumir
..., como a diretora Virgínia, a vice-diret...
...istina e também os meus colegas de classe.

CARTA DE SÂMARA

Juiz de Fora, 1º de novembro de 2012 | Carta de despedida

Quando eu era pequena, ficava doida para ser rainha. Eu achava que tinha o direito de ser coroada pois sabia detalhe por detalhe as histórias de congo contadas pela professora Gisa. Quando as meninas falavam que era bom ser rainha pensei: "-vou pedir para ser coroada". Eu já gostava e admirava as roupas e a coroa.

Foi um sufoco conseguir a Rainha Conga pois eu não era negra. Mais eu me sentia no direito de ser porque tenho antepassados negros.

Minha avó Maria Joaquina, avó da minha mãe, era negra.

Eu me lembro dela já doente em cima da cama. Ela morreu quando eu tinha 5 anos. Hoje eu fico pensando que poderia ter conversado mais com ela porque a minha mãe fala muito bem sobre ela.

Sim, eu tenho orgulho de ser descendente de negros porque sei que eles ajudaram em tudo na construção do Brasil: nos conhecimentos das ervas, na plantação da cana de açúcar, na dança, no conhecimento e na cultura.e

Representar a Rainha do Congo é importante porque representa o povo afrobrasileiro. Ser Rainha Conga da Escola Municipal José Cail Ahouagi é tipo ser a menina mais importante com responsabilidade constante. Tem muitas pessoas que eu gosto e agradeço por terem me deixado assumir esse cargo, como a direotra Virgínia, a vice-diretora Ana Cristina e também meus colegas de classe.

Agradeço também aos meus professores por terem apoiado a minha reivindicação e tudo o que eu faço é uma lição para mim, da vontade de brincar, é legal, mas estou crecendo e vou me dedicar a outras coisas. Eu vou ter que passar o trono par a Yasmin que é a próxima rainha eleita. Eu sei que ela vai gostar. As pessoas que já foram reis e rainhas sabem do que eu estou falando.

Sâmara de Souza Rodrigues.

29/11/2013

Querida Tia Andréia e todas as p
soas presentes.

Quero agradecer por todo esse tem
que fiquei no trono. Sempre sonhei
ser rainha desde pequena, acho lin
a cultura do povo africano.

Quando eu queria ser rainh
eu ficava pensando "sera que e
bom ser rainha?" agora que eu s
quer dizer "era", eu entendo, é mui
bom ficar na história do congo
escola. Como eu, acho que todas as m
ninas que foram rainhas queriam fi
mais um tempo mas não dá por
têm muitas meninas que ainda q
rem ser.

Foi muito bom ser rainha, mas
gou a hora de passar a coroa p
Larissa. Não vou ficar triste porque
fui, agora tenho que dar lugar para
tras pessoas.

Acho que a Larissa vai ser um
boa rainha, e o João Vitor um bom

Bom, minha carta chegou ao fim

Só quero agradecer por tudo, foi ót
participar da história da congad
tenho certeza que quando eu cresc
vou ter orgulho de ter cido a rain
e vou poder dizer Eu ja fui a rainh
do congo.

Yasmim

CARTA DE YASMIN

29/11/2013

Querida tia Andréia e todas as pessoas presentes

Quero agradecer por todo esse tempo que fiquei no trono. Sempre sonhei em ser rainha desde pequena, acho linda a cultura do povo africano.

Quando eu queria ser rainha eu ficava pensando "será que é bom ser rainha"? agora que sou quer dizer "era", eu entendo, é muito bom ficar na história do congo da escola.Como eu acho que todas as meninas que foram rainhas queriam ficar mais um tempo mas não dá porque têm muitas meninas que ainda querem ser.

Foi muito bom ser rainha, mas chegou a hora de passar a coroa para Larissa. Não vou ficar triste porque já fui, agora tenho que dar lugar para outras pessoas.

Acho que a Larissa vai ser uma boa rainha, e o João Vitor um bom rei.

Bom, minha carta chegou ao fim.

Só quero agradecer por tudo, foi ótimo participar da história da congada, tenho certeza que quando eu crescer vou ter orgulho de ter cido a rainha e vou poder dizer Eu já fui a rainha do congo.

Yasmin

/ /

Juiz de Fora, 19 novembro de 2013

Queridas Diretoras, professoras e Coordenadoras eu quero ser muito rei nunca pensei que um dia eu ia querer eu quero muito eu sei que sou um aluno baguncero mas eu prometo não quebrar as regras que são muito in portante para mim e para escola.

Eu acho o Congado muito in portante porisso eu quero ser muito rei e eu prometo não fazer mais bagunsa poriso eu quero assumir esse cargo de rei tenho sertesa que meus amigos também querem eu aposto que a tia Andreia e a tia Lurdes não acreditam eu também não mais eu vi que meus amigos queriam eu também resovi levantar o dedo si eu não conseguir eu quero muito que meu amigão lá do fundo do coração o Talles seja ele é uma pessoa espécial mas é claro que eu também quero ganhar com beijo e abraço João Vitor

Outras cartas também foram impactantes. João Vitor, por exemplo, na ocasião dos preparativos da Coroação de 2013, surpreendeu a todos com a escrita de sua carta. O menino se incomodava com toda aquela história, com as canções entoadas e marcha dos tambores. Segundo o seu relato, alguém lhe havia dito que tudo aquilo se parecia com "macumba". Ficar de fora, porém não de maneira discreta, era o que ele fazia. E, muitas vezes, a sua recusa se traduzia em ações agressivas. No entanto, no ano de 2013, ele redigiu a sua carta e ela chegou com tantas outras. Assim escreveu:

Juiz de Fora, 19 de novembro de 2013

Queridas Diretoras, professoras e Coordenadoras
eu quero ser muito rei nunca pensei
que um dia eu ia querer eu quero muito
eu sei que sou um aluno bagunsero mas
eu prometo não quebrar as regras que
são muito in portante para mim e para escola.
Eu acho o Congado muito in portante
poriso eu quero ser muito rei e eu prometo
não fazer mais bagunça poriso eu quero
assumir esse cargo de rei tenho certeza
que meus amigos também querem eu aposto
que a tia Andreia e a tia Lurdes não
acreditam eu também não mas eu vi
que meus amigos queriam eu também
resolvi levantar o dedo se eu não conseguir
eu quero muito que meu amigão lá
do fundo do meu coração o tales seja ele
é uma pessoa espicial mas é claro que eu
também quero ganhar com beijo e abraço

João Vitor

A força de suas palavras era tão grande, assim como a sua coragem para enfrentar critérios que não preenchia, sendo um deles, e talvez o mais fundamental, a demonstração de respeito à cultura afro-brasileira e à escola, que não nos coube outra atitude a não ser a de acolher o seu desejo e deixar que participasse da votação, respeitando a sua intenção de reinado.

João se dedicou àquela produção como nunca fizera antes. Logo se mostrou interessado na maneira como avaliaríamos a sua produção. Ele disse que sabia que tinha muitos erros, mas faria a correção com ajuda de sua professora. Acrescentou que foi muito sincero nos seus sentimentos, disparando um conjunto de questões sem nenhum constrangimento: "Eu posso participar da eleição? Quem vai ler as cartas? Quando os meus colegas vão votar?"

Repentinamente um grupo de crianças se aproximou cobrando de nós aquela leitura. Era como se elas soubessem que uma nova maneira de estabelecer a escolha dos reis e das rainhas estivesse a caminho. Uma roda de conversa então se organizou. As cartas daqueles que se apresentaram como candidatos foram lidas, uma por uma.

Havia uma enorme expectativa pela carta de João Vitor desde a sua primeira manifestação em torno do seu desejo de ser coroado. Muitos de nós desconfiamos de suas intenções porque ele sempre desistia de suas proposições e ideias antes mesmo de colocá-las em prática. Quando anunciamos a sua carta, um silêncio imperioso tomou conta da classe. A reação de seus(suas) colegas de classe foi surpreendente: todos aplaudiram e juntos entoaram o refrão: "Já ganhou! Já ganhou!"

De maneira tímida e assim de soslaio, um sorriso iluminou o seu rosto: ficou de pé, agradeceu o apoio do grupo, ficou muito comovido. Talles foi ao encontro dele e lhe tocou o ombro. Afinal, foi citado de maneira carinhosa. Teve a certeza de que contava com o apoio do colega para a sua eleição. O clima de "já ganhou" contagiou as crianças da turma do quarto ano. O resultado da eleição não surpreendeu: João Vitor ganhou dos outros quatro candidatos com larga vantagem. A sua vitória nos fez reconduzir os critérios da eleição e estabelecer diálogos sobre o compromisso que aquele menino assumiu perante os seus colegas de classe e a escola.

Mas como abordar o conteúdo daquele texto apresentado e como compreender os impactos que ele causara?

Observamos a maneira como o menino se inscreveu no mundo: como alguém "bagunceiro", mas, no entanto, alguém que reconhecia que regras são importantes. Ao reconhecer os próprios erros, João Vitor se redimiu perante o grupo e criou expectativas positivas na recondução de suas ações. Supomos, então, que João Vitor demonstrou saber "discernir as posições defendidas num texto e delinear a situação polêmica subjacente", como também "distinguir lugares sociais" e "tomar para si a palavra alheia" (Schneuwly; Dolz, 2004, p. 56-57). Ele fez uso da escrita para viabilizar o seu "estar no mundo" (Freire, 1996). Tal procedimento lhe garantiu a autoria na produção do seu texto.

Pudemos pensar no modo como o menino usou as próprias palavras e considerou as "palavras alheias" na organização de seu discurso. Palavras essas que, em outras circunstâncias, talvez não fossem usadas por ele, como foi o caso da promessa de "não quebrar regras". Se antes ele as quebrava com frequência, quando precisou partilhar a sua intenção de reinado, considerou o critério de saber representar a escola. Fazendo isso, indicou o desejo de rever o seu comportamento. Firmou um compromisso público.

Seu texto apresentou credibilidade, emocionou colegas e professores. Garantiu sua participação no processo eletivo. Ele parecia saber que os sentidos partilhados daquela carta o levariam a alcançar os seus objetivos.

Os movimentos escolhidos por João Vitor para construir a sua carta lhe proporcionaram outra forma de inserção na sua própria família, que, por razões diversas, não o considerava capaz de produzir um texto de tamanha envergadura.

Depois de coroado, sua carta foi compartilhada com os presentes. Novamente o gesto do silêncio vivenciado antes nas salas de aula se repetiu. Na presença de sua família, os aplausos vieram com força, como uma onda que vai e vem, revirando os grãos da areia que se movem ao encontro das ondas. A sua coragem foi admirada, bem como a sinceridade de suas palavras. No fervor dos aplausos, sua avó paterna se aproximou do palco e, emocionada, recebeu o neto num afetuoso abraço. Em lágrimas, pediu para ver a carta com seus próprios olhos, pois precisava comunicar aquele feito ao seu filho, pai de João Vitor, que não pudera comparecer.

Desfilando a sua capa colorida e a sua coroa de prata cravejada de pedras vermelhas, o Rei coroado pediu uma fotografia com a avó, depois outra com a sua mãe, que demonstrava enorme orgulho do filho. Muitos se aproximaram dele para registrarem fotos na sua companhia.

Se a analogia bakhtiniana em torno da metáfora dos fios das redes presentes num tecido-texto (Machado, 1996, p. 235) fizer algum sentido para pensarmos a escrita daquela carta, podemos dizer que a mobilização de sentidos e de significados que ela trouxe para a comunidade escolar abriu possibilidades para outras crianças terem chances de se transformar em relação às maneiras como se comportavam e se relacionavam com os outros, com a escola e com os conteúdos que implicam conhecer histórias de África e reconhecer e valorizar as culturas populares. Mas talvez a maior aprendizagem para todos nós tenha sido a de que as pessoas não são sempre do mesmo modo, elas podem expor os seus desejos e intenções de mudança e começar sempre de novo...

Podemos então pensar o tecido-texto como um evento humano promovedor de encontros e de aberturas que nos permitem ver o outro e considerar os modos como somos vistos. O lugar da alteridade no tecido-texto nos faz regressar a nós mesmos. O acontecimento da vida na escrita instiga a própria vida, que "pode expressar-se através do ato, da confissão-arrependimento, do grito". É desse modo "que o autor faz descer sobre ele absolvição e glória" (Bakhtin, 2003, p. 73).

O grito daquele menino foi ouvido. Assim como a sua confissão-arrependimento. A escrita daquele texto autoral e surpreendente o libertou dos estereótipos que definiam seu lugar social naquele espaço-tempo de escola.

Outras cartas, outros meninos e meninas seguiram com aquela tradição inventada por João, e até o presente, quando dos tempos de preparação para um novo Reinado, cartas e mais cartas surgem para serem apresentadas. Muita emoção gira em torno de tal prática, uma vez que o texto mobiliza as histórias de vida das crianças com suas famílias e com a escola. Muito envolvimento das professoras que assumem as aulas de humanas nas turmas de quarto e quinto ano, onde a força do estudo da Congada se aprofunda, se faz marcante e profundamente significativo em termos dos registros que se tornam cada vez mais densos e significativos. Anos e anos de documentação contribuem com a riqueza do arquivo de práticas da escola. Mas as cartas, que hoje compõem um acervo significativo, merecem destaque pelo conteúdo que trazem e pela sensibilidade que faz transbordar os sentimentos das crianças. Algumas delas continuam a emocionar e impactar sentimentos e sensações que perpassam os movimentos de aprendizagem em torno dos reinados e das histórias do congado. Apresentamos, pois, mais duas cartas, pela emoção de lhes dar a ler.

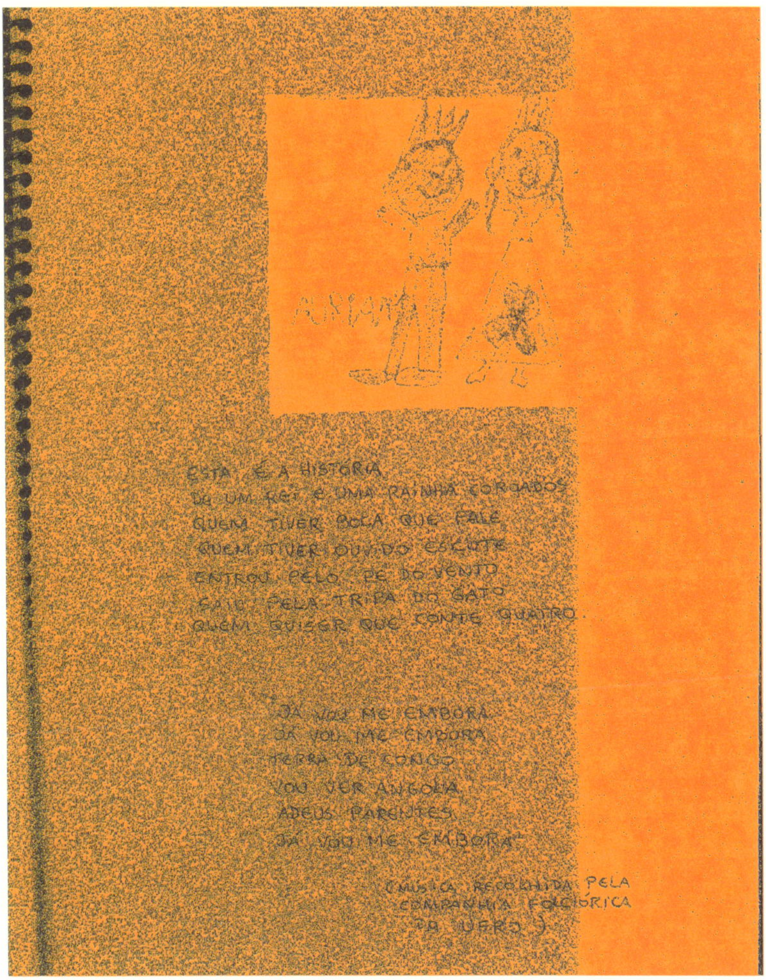

Meu nome e Luis gabriel tenho 12 anos, sou da zona rural el chegui na escola no 4º ano tol aqui 3 anos quando cheguei el era um minilo moutro baguinsero senpr dei muitor trabalho.

hoye ja mudei bastanter aprendir amar bastantre esa escollra a prendir bastanter quom a tia Sabrina ela que meisinou a partisipra da quongada.

Senpre quis ser o rei da quongada não so pela milra cor negra porque el axo a festra muitor legal.

Mais el carego a cor negra quom muitro orgullro tem gentre que mexama de macaco Mais el carega a cor negra quom muitro digi nidade. quandro eles me xama de macaco me sintro muitro deva lorizadro porisor gostaria de ser o rei da quongada para provar para os outros que não e pelha cor da pelhe qualza que chamar os outros de macaco tizil e etc. e as pesoas que fair isor devia apreder a respeitra os outro e não devia ser pre preconseitro ezo. Luis gabriel

CARTA DE LUIS GABRIEL

Rei coroado em 2019

Meu nome é Luis Gabriel tenho 12 anos, sou da zona rural e eu cheguei aqui na escola no quarto ano tol aqui 3 anos aundo cheguei el era um minino moito bagunsero senpre dei muito trabalho.

Hoje já mudei bastante aprendi amar bastante essa escolha aprendi bastantre quom a tia Sabrina ela me ensinou a partisipar da quongada.

Senpre quis ser o rei da quongada não so pela miha cor negra porque el axo a festa muito legal.

Mas eu carrego a cor negra quom muito orgulho tem gente que mexama de macaco mas eu carrego a cor negra com muita diginidade. quando ele mexama de macaco me sinto muito desvalorizadro poriso gostaria de ser o rei da quongada para provar para os outros que não e pella cor da pelle qualquer que chamar o outro de macaco tizil e etc. e as pessoas que fais isso devia aprender a respeitar os outro e não devia ser pré preconseituozo.

Luis Gabriel

Porque quero ser rainha congo

Eu me chamo Laryssa e tenho 11 anos estou nessa escola há 5 anos, e desde do primeiro ano que estava aqui; via as congadas e ficava encantada com tudo na congada as cores alegres, as pedras brilhosas, as pinturas no rosto e etc...

Sempre senti uma coisa estranha no meu coração intensa me levando a querer a cada ano ser a rainha congo, não só isso, também sempre senti que tinha alguma história por trás disso. Sempre tive essa curiosidade.

E finalmente chegou o 5º ano que os alunos e alunas concorrem a rei e rainha do congo. E a uns 2 meses perguntei a minha mãe se eu tinha antepassados Africanos. E ela disse:

— Sim! Como sua Tataravó Maria.

E ela me contou a historia. É assim

"Bom sei muito pouco sobre essa história oque sei foi que minha tataravó Maria foi abandonada quando era uma pequena bebêzinha os pais eram escravos e não tinham nenhuma condição de cuidar dela. Então ela foi abandonada na porta de um casal que não eram africanos, imagino eu, que devem ter ficad com medo de deixar a filha nas mãos de outras pessoas ainda mais nas mãos de um branco.

Então os Brancos a fizeram como escrava quando cresceu mais não ficou muito tempo sendo escravizada Porque no tempo dela a escravidão ja estava praticamente no fim.

Depois teve uma vida totalmente tranquila

CARTA DE LARYSSA

Rainha coroada em 2019

Porque quero ser rainha conga

Eu me chamo Laryssa e tenho 11 anos estou nessa escola há 5 anos e desde o primeiro ano que estou aqui via as congadas e ficava encantada com tudo na congada as cores alegres, as pedras brilhosas, as pinturas no rosto e etc...

Sempre sentiuma coisa estranha no meu coração intensa me levando a querer a cada ano ser rainha conga, não só isso, também sempre senti que tinha alguma história por trás disso. Sempre tive essa curiosidade.

E finalmente chegou o 5° ano que os alunos e alunas concorrem a rei e rainha do congo. E a uns dois meses perguntei minha mãe se eu tinha antepassados africanos. E ela disse: _ Sim! Como a sua avó Maria. E ela me contou uma história assim:

“ bom eu sei muito pouco sobre essa história o que eu sei foi que minha tataravó Maria foi abandonada quando era um pequena bebezinha. Os pais eram escravos e não tinham nenhuma condição de cuidar dela. Então ela foi abandonada na porta de uma casal que não eram africanos. Imagino eu que devem ter ficado com medo de deixar a filha nas mãos de outras pessoas ainda mais nas mãos de brancos. Então os brancos a fizerma como escrava, quando cresceu não ficou muito tempo sendo escravizada porque no tempo dela a escravidão já estava praticamente no fim. Depois teve uma vida totalmente tranqüila. Mas desde que nasceu escrava no Brasil aprendeu sobre a imagem católica, e quando a escravidão acabou virou católica. E antes mesmo de sues 110 anos me disse que não se lembrava de nada da África porque não tinha vivenciado isso. Só que não acabava por aqui tem muito mais sobre minha tataravó Maria.”

Nas rodas explicativas da professora Sabrina a Giza estava explicando as origens da congada quando ela surgiu.

Então chegou uma parte que ela mostrava umas fotos de reis e rainhas antigas desde da primeira congada há anos atrás. E ela mostrou uma foto de uma benzedeira que coroava a rainha e o rei.

Então passei toda a explicação da tia giza para poder falar que aquela foto estava na minha casa e eu disse que a Benzedeira era a minha tataravó Maria.

Eu sou filha de uma pastor evangélico e de uma missionária.

E eu tenho o desejo de ser coroada para honrar a minha tataravó que mostrou que a congada da escola não é religiosa a congada da escola é cultura, quero provar que os evangélicos e católicos e os demais parem de brigas pela religião do outro.

Quero selar a paz, quero fazer a paz entre as religiões pra mostrar que a congada é cultura.

Por isso eu acho que a coroa é minha por direito, para honrar e respeitar todas as religiões e honrar e proteger minha descendência africana e honrar e proteger essa escola.

É que eu passei a valorizar mais minhas raízes africanas porque eu me vejo como uma rainha egípcia porque o Egito é na áfrica e é como se fosse rainha conga. Sou apaixonada pela África e pelo Egito porque é encantador e bonito e qualquer coisa é porque bate isso muito forte no meu coração ão, ta no meu sangue. E não é porque eu não tenho a pele do meu povo mas eu tenho os traços e o sangue do meu povo. Tenho a boca, os olhos, o nariz. E todos quando me vêem percebem que sou uma rainha negra de pele branca.

Laryssa

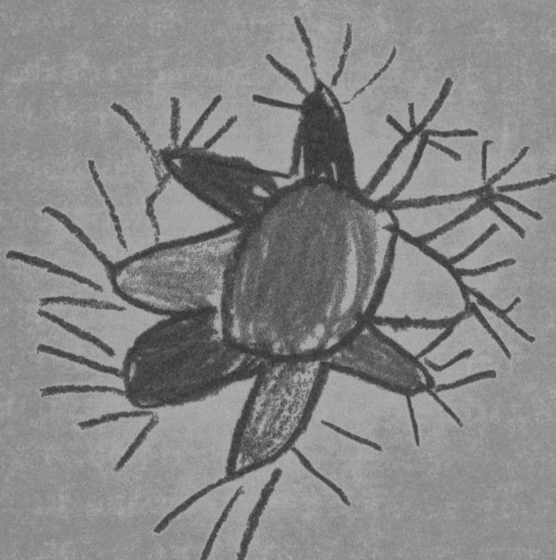

Em tempo...

Organizando os materiais e acervos para este capítulo sobre a escrita de cartas na escola, encontramos ainda esta carta escrita pela Coordenação Pedagógica para o grupo de professores, gestores e funcionários na ocasião do Cortejo de Coroação de Reis do ano de 2018. E aqui cabe lembrar que este foi um período político extremamente sombrio no qual as forças democráticas, as instituições e a liberdade de expressão se viram profundamente ameaçadas. Neste ano, especificamente, este cortejo foi possível e se fez magnífico pela ação coletiva, emocionada, criadora e poética de um grupo de educadores comprometidos em sonhar outros mundos possíveis com as crianças e adolescentes. Esta carta é datada e traz apenas o nome das pessoas que estavam presentes naquele específico ano, mas gostaríamos de ampliar este texto que reverencia cada companheiro e companheira de jornada para outros tantos professores e professoras que não estavam presentes naquele ano – ou porque já haviam partido da escola, ou porque ainda não haviam chegado. Que esta carta-agradecimento se estenda a todos e todas que desde sempre contribuiram com esse folguedo: admirando, estando presentes, se encantando e imprimindo, de uma maneira ou de outra, as suas marcas de emoção, invento e compromisso com a estética e a poética que envolve o processo desse ritual e a sua renovação a cada ano.

Novembro 2018

"Um reizinho bem coroado,
bate em sua moradia,
vem louvando e vem louvado,
vem cantando esta folia!"

Enfim, o tempo de coroar reis. Rei menino, rainha menina, tempo de sonhar a instauração de outra lógica de mundo pelo ponto de vista daqueles que ainda são novos, daqueles que acabaram de chegar, daqueles que vivem ainda um reinado menino, festeiro, feito de maravilhas. Tempo de festa, tempos de juntar as mãos, fazer junto, sonhar junto, revitalizar os modos de estar junto. Uma festa feita por todos, onde cada um que lá esteve não podia deixar de estar. Para lembrar, é preciso evocar os muitos nomes que tornaram possível o que se viveu: é preciso falar de Sabrina, que teceu com paciência, insistência e beleza os delicados fios daquele reinado com histórias de África rendados às histórias de vida de cada menino e menina nos seus afetos, sonhos e memórias; de Gabriela, que com fios finos fez nascer as primeiras coroas bordadas por mãos meninas; de Joyce, que trouxe a Folia de Príncipe e Oromimá, cantigas preciosas que serão cantadas para sempre nesta escola; de Jota, que abriu os caminhos da festa, anunciando o novo reinado na força guardiã do Maculelê. A leveza, a roda, a graça do jongo puxado por Thalita e seu povo de saias estiveram presentes; a pintura de Érica, Joelma e Sabrina e os figurinos inventados por Gustamara, Gabriela, Daniela, Nilma, nos tornando em outros seres, em encantados de outros mundos. Soaram os tambores ressuscitados pelo empenho de Rachel e Gustamara em transformar feijão em som, pulsão e ritmo. Vimos Maria Helena, Érica, Daniela e Mônicafazendo chover pétalas de flores sobre a festa. Adélia, que sempre povoa de beleza cada detalhe pra um mundo que só dura um dia. Priscila, que pelos seus afetos revigorou as forças de um antigo rei menino, instaurando uma nova tradição na escola, de menino coroando menino. E mais tarde, pudemos ver ainda mais por meio da lente de Leonardo, que tornou visível a alma da festa nos registros dos gestos e olhares das crianças, nos fazendo enxergar a presença destes meninos e meninas na sua inteireza e força. É preciso ainda agradecer a Ana Márcia,

Maria Cristina, Raquel, Letícia, Marcos Adriano, Claudinha, Sônia, Ana Lúcia, Catarina e Adriana, que trouxeram pra festa axé e alegria.

Importante dizer que, em treze anos, foi uma das festas mais lindas, mais vivas, mais pulsantes. Em tempos inacreditáveis, sombrios, inimagináveis como estes em que vivemos de tamanho retrocesso, uma festa como esta, que reverencia a cultura negra, afro-brasileira – por muitos anos silenciadas nas culturas escolares – se faz em festivo ato de resistência, de reencantamento do mundo, de sonhos por dias mais férteis.

Que o reinado destes meninos e meninas seja belo, bom e justo e nos inspire no movimento de sonhar e atuar por uma nova ordem de mundo.

Ilustração: Clara Elis Evaristo de Freitas

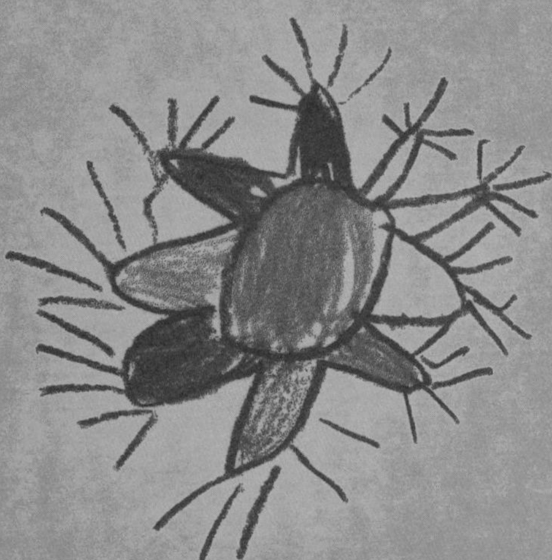

Pequenas histórias de reis e rainhas coroados

O primeiro rei

"Meu sinhô, minha senhora,
Preste já muita atenção!
Quem chega agora no terreiro
É o Reizinho do congo
Pra alegrar o seu coração!"

Com esse versinho abrimos nossa primeira roda de Reinado tantos anos atrás. Um menino foi coroado, louvado em cantos, danças, brinquedos. Heleno era o seu nome. Naquele tempo, um pequeno surundunga que trazia na cor de sua pele uma história dele que carregava tantas outras por dentro, vindas dos avós, bisavós, vindas dos antigos que atravessaram calunga, o mar, até chegar no tempo em que estamos.

"Oê, oê, eia! Óia a festa tá chegando, meu Deus! Óia querendo chegar!" Na canção cantada na roda, ecoam as vozes dos que vieram antes, acordando memórias ainda adormecidas e desconhecidas no menino. "Nagô, nagô, o nosso Rei já se coroou!" O menino foi coroado, louvado, celebrado, trazendo no seu rastro os antigos que o antecederam, entoando cantos em sua língua noturna. O pai do menino eternizou seu reinado em uma fotografia guardada em um pequeno chaveiro tornado relíquia, para jamais esquecer a majestade de seu menino.

O tempo passou, aquela ciranda tão miúda nascida e brincada com os pequenos ganhou grandezas, se tornou um ritual bonito, enovelando de significado e força a história de uma escola inteira que trazia agora já uma dinastia de muitos reis, rainhas, capitães...

Foi depois de muitos, muitos anos que o menino retornou; era um dia de festa. Chegou quase sem aviso, veio por ocasião de sua irmã ter sido

Heleno e Rafaela – Cortejo de 2006

feita rainha. Era agora um homem bonito, professor de crianças, que olhava para as belezas daquela celebração com olhos alumbrados! “E eu que achei que aquela nossa primeira roda fosse só uma brincadeira de crianças!”. A presença de Heleno, naquele dia em meio ao folguedo, fez girar a roda do mundo mais uma vez.

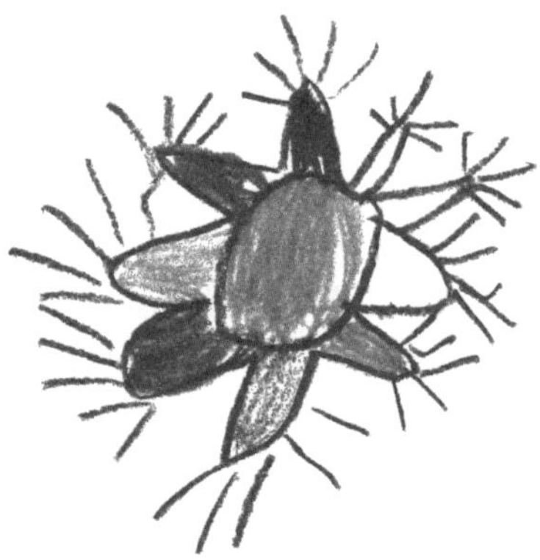

Heleno – 18 anos depois | Cortejo de Reis de 2022

ESPERO QUE VOCES GOSTEM

A primeira rainha

"Mas o Reizinho está triste,
Lhe falta uma companheira,
Quem é que falta para completar a brincadeira?
É sá rainha menina que vem de lá toda faceira!"

Rafaela chegou para acompanhar seu rei. Uma menina em flor, dançarina no seu vestido encarnado, rodopiando na leveza ensolarada de seu sorriso. "Sá Rainha conga, venha na janela, venha ver seu rei, que já vai pra guerra". E lá está nossa rainhazinha, tão pequena e nobre, a olhar o brinquedo de três meninos tornados em Power Rangers, heróis das animações da TV. Ela pede para brincar também, mas os meninos em uníssono respondem: "Aqui não tem lugar pra menina, aqui não tem lugar pra você!". A rainha lança um olhar comprido, demorado, traz na cabeça a coroa e nos ombros a capa de brilho. Do alto de um banquinho ele proclama: "Mas eu sou sá rainha conga e mando em todos os Power Rangers!". Diante de sua majestade, as portas da brincadeira foram abertas e Sá rainha conga menina dominou os Power Rangers no tempo que durou aquele brinquedo. Naquele dia, aquela menina coroada fez o mundo funcionar a partir de outros registros, fez a lógica do mundo virar do avesso.

Ilustração: Clara Elis Evaristo de Freitas

Desejo de coroa

Ói que as meninas mineiras
Também têm seu jeito de Deus

Deus deu. Deus dá
Água doce com sereia...

A canção lindamente evocada por Tizumba nos leva ao encontro de Sâmara. Menina mineira, água doce com sereia, investida na condição de rainha pela força de seu desejo e poder de convencimento. Era chegado o momento de mais um cortejo de reis e rainhas na escola e, até então, as crianças bem pequenas brilhavam em suas vestes e coroas ainda sem espadas.

Pequenas criaturinhas traziam seus encantos no caminho das procissões que adentravam o pátio interno, bem no coração da escola. Um, dois, três anos, talvez mais, as crianças pequenas protagonizariam os reinados. Sâmara participara de cada evento, saltitante, apelidada que era de "pestanas til, til", bem à moda de uma criança brejeirinha de Rosa. Ela estava sempre envolvida a formar artes desfigurando as palavras. Impunha a elas um ritmo próprio, marcado por um constante abrir e fechar de olhos. Em tudo estava envolvida. Era hábil nos argumentos e nas maneiras de conseguir apoio de colegas e professores para suas iniciativas e invenções.

Perto de completar dez anos de idade, achou por bem reivindicar para si a coroa. Organizou um movimento na sua turma do quinto ano. O que antes era apenas um desejo daquela menina, logo se transformou em algo maior que contagiou a todos e todas. Há muito tempo naquela escola as crianças conviviam com práticas de guarda de produções genuínas. Desde a Educação Infantil, uma Caixa de Congado trazendo desenhos, registros de cantorias, fotografias, bonecos e bonecas de capas e coroas andava de mão em mão, casa em casa, até transbordar como objeto de Memória na festa da Congada da escola. Era um caixa de tesouros do vivido, nascidos dos encontros das crianças, de seus professores e suas famílias, com as histórias de África e do povo preto nas terras do Brasil. O "ouro na bateia" foi apropriado pelas crianças e logo a aranha que tece a teia em todas as histórias narradas serpentearam no rio e bateram no mar. Mar de desejos de pertencimento, de valorização das histórias de família e de comprometimentos com as invenções dos cotidianos. Sâmara expôs sua reivindicação claramente numa carta escrita para a professora: "eu tenho direito porque conheço a história desde pequena. Ainda tem a caixa, nós sempre tomamos conta dela. Pode saber que vou dar o melhor de mim!". Aquela era a senha do advento dos reinados na turma do quinto ano. Desde então, as crianças seguem o ritual da espera de escrever cartas de intenção para seus desejos de majestades e coroas.

Sâmara se coroou ao lado de Vinícius Emanuel em novembro do ano de 2011. Ainda nos apresentou uma linda carta de despedida de reinado trazendo narrativas sobre as lembranças de sua avó Maria Joaquina: mulher negra, conhecedora de ervas e dos segredos da cura. Já falecida, a menina compartilhou a memória da doença da avó e de sua morte, incluindo a saudade da presença dela em sua vida e na vida de sua mãe. Em nome do direito à Memória, conquistara o direito de ser coroada Rainha. Foi capaz de recolher nos cadinhos de experiências vividas a memória de sua origem. Acolheu, com sua capa de rainha e de seu longo vestido branco, as pétalas das flores no ritual da canção "tá caindo fulô". Ao lado de Vinícius, caminhou para encontrar um futuro. Ambos inventaram uma tradição e semearam representatividade e esperança nos corações de muitos meninos e meninas que ainda virão: pretos e brancos, multicoloridos, de diferentes origens e pertencimentos étnico-raciais. Quando dos tempos dos reinados, sempre será possível reconhecer nos festejos da congada da escola um lugar onde grandes e pequenos podem viver plenamente suas culturas e, desse modo, se tornarem sensíveis para melhor conhecer e conviver com as culturas e modos de ser de tantos outros.

Sâmara e Vinícius – Cortejos de Reis de 2011

A rainha que desceu às águas

Ana Clara se fez uma rainha de olhos serenos, tímidos e um sorriso que era só doçura. Recebeu a coroa de João Vitor, menino proclamado rei alguns anos antes e que agora, no seu último ano na escola, no tempo da sua despedida, é tomado pela aura da autoridade capaz de coroar os novos reis. No gesto do menino rei a lhe coroar, Ana Clara reconhece o fio ancestral do qual faz parte, se reconhece em uma linhagem de reis meninos e rainhas meninas e também a responsabilidade desse lugar. Passado um ano do seu reinado, é chegado o tempo dela própria passar a coroa e celebrar a chegada da nova rainha. Dia de muita emoção! Mas ó destino cruel! O dia da coroação é também o dia do seu batizado na igreja a qual pertence. Muito tímida vem nos procurar dizendo que sua mãe não permitirá que venha à festa, porque deverá "descer às águas neste dia." Nos olhos da menina, a tristeza evidente de não estar presente na festa, de não passar a coroa. Entramos em contato por telefone com a mãe, dona Cátia, falamos da importância da festa na história e memória das crianças e nos vínculos de pertencimento com as heranças ancestrais. Silêncio. O telefone desliga abruptamente. Um minuto depois, o telefone toca de volta, era dona Cátia. "Desculpa, a ligação caiu, estou no ônibus voltando do trabalho!". Um alívio no nosso coração e a alegria que vem logo em seguida. " Ana Clara irá à festa sim, passará a coroa para a nova rainha". E como fará para "descer às águas do seu batismo?". A mãe responde: "Iremos à festa, todos aqui de casa, e depois pegaremos um uber para chegarmos a tempo do batizado".

A igreja é longe, do outro lado da cidade, o uber com certeza não sairá barato; iriam de ônibus não fosse a coroação. No desejo da menina atendido, na permissão da mãe, o reconhecimento da importância do Reinado de sua filha em pé de igualdade com o batizado da igreja.

Ana Clara sendo coroada por João Vitor | Cortejo de Reis de 2018

Entre silêncios e lágrimas

Quando aquela pequena menina chegou à escola, muito já se havia caminhado nas águas revoltas das histórias de África e nos encontros das crianças com reis e rainhas cor de ébano. Para ela tudo era novidade. Tímida e de poucas palavras, pouco se aventurava nas modas inventadas. Atenciosa, competente e muito aplicada, ficava à espreita com ares de curiosidade. Aos poucos, e de maneiras delicadas, ela foi chegando. Pouco se sabia de suas histórias familiares. Sua mãe, Paula, era presente nas reuniões da escola, mas, como a filha, também era muito reservada. Talvez inventassem um longe que fizesse reverberar os seus silêncios, à procura de escutas sensíveis e brandas. No entanto, durante um tempo, eram silêncios. Na efervescência da escola, Karen foi se dando a ler: perfeita calma. O tempo de estudo das festas populares e da Congada foi se avizinhando e os primeiros vestígios dos coroados começaram a surgir: crianças pequenas correndo pra lá e pra cá esvoaçando suas capas ao vento e movimentando espadas; cantorias e repiques de tambores; livros de literatura e mediações das professoras. Descobertas foram surgindo, sem pressa de acontecer. Seus olhos grandes e cada vez mais brilhantes cumpriam a apreensão do ver e, como quem busca caminhos percorridos antes, a menina foi se tornando cada vez mais atenta e presente em todos os eventos. Entrosada com o grupo de amigos e amigas, estava sempre pronta a fazer o que era preciso. Logo apresentou seu desejo de ser Rainha Conga. Escreveu sua carta e, deixando a timidez de lado, leu seu escrito. Um rei logo foi se aprumando ao seu lado. Intenções e desejos compartilhados, o favoritismo daquele par, Karen e Juan, foi comemorado. Chegou o dia do pleito: cartões de votação; seriedade e compromisso das crianças participantes. Votos colhidos, urnas abertas! Karen Matheus foi a candidata mais votada, seria a rainha coroada do ano de 2014. O mesmo aconteceu com Juan. Chegou o dia da coroação: Paula e D. Célia, avó de Juan, foram acolhidas na condição de madrinhas. Participariam do ritual da coroação, abençoando as duas crianças escolhidas. No dia da festa, mãe e filha eram alegria e emoção: a menina andava pela escola com sua túnica branca aguardando a composição das vestes: capa, coroa e bolsa de tesouros de Rainha; sua mãe Paula foi vestida de azul, a todos e todas cumprimentava. Para alguém segredou parte de sua história: era nova no bairro, veio com a filha morar num apartamento que havia adquirido com seu próprio esforço. Era mãe solo, trabalhava com serviços gerais em casas e prédios do centro da cidade. No seu lugar de honra, Paula não segurou as lágrimas quando as coroas desceram para cobrir majestades. A cumplicidade das duas madrinhas era tão intensa que muitos se emocionaram. Lágrimas molharam memórias e histórias guardadas no mais do tempo. Talvez não seja exagero dizer que, no íntimo, as duas mulheres sabiam que, ao compartilharem gestos de respeito à coroa e à ancestralidade de sua gente, estavam fazendo história ao reverberar heranças.

O tempo dos Reinados ficou para trás e as crianças cresceram. Com imenso prazer reencontramos Karen e Paula: duas mulheres fortes, perseverantes nos desafios que a vida lhes apresentou, vitoriosas nas suas conquistas. Com prazer e uma emoção do tamanho do mundo, soubemos da aprovação de Karen no vestibular de duas universidades públicas de uma só vez: a opção foi por Engenharia Elétrica. Vai, menina, voe seu sonho de conhecimento e liberdade. Alcance as estrelas!

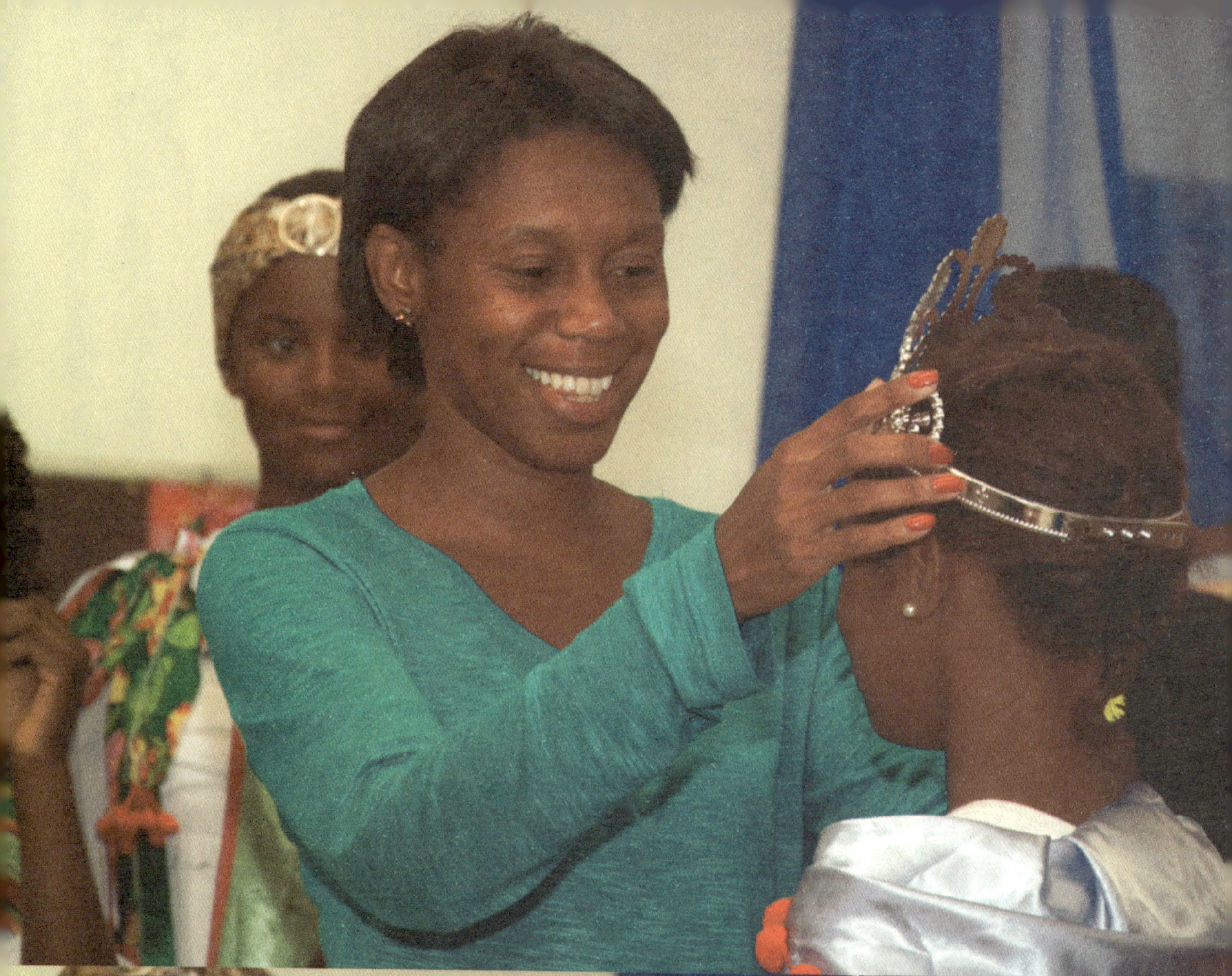

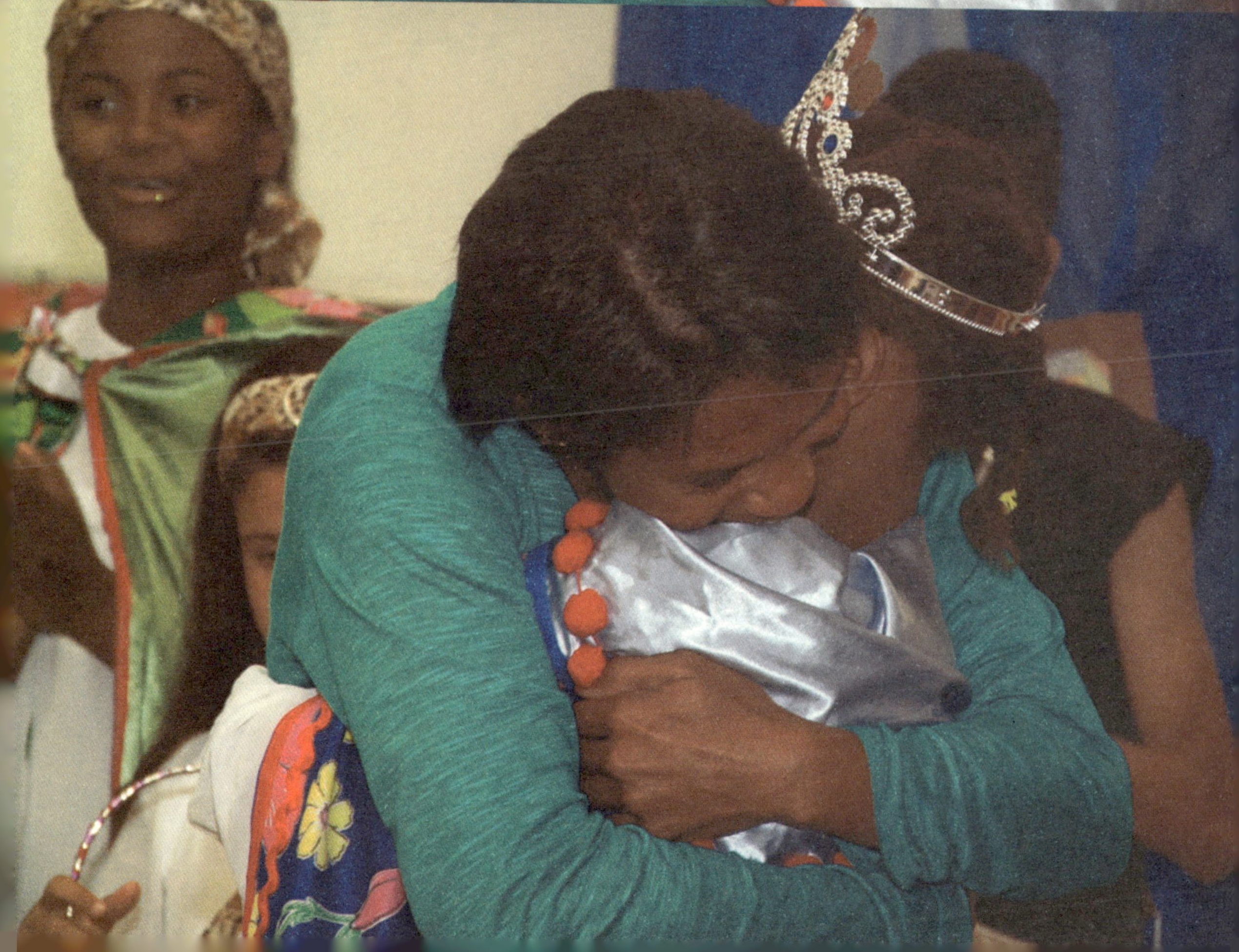

O neto de Joana D'Arc

Wendryck chegou na escola quando tinha só quatro anos de idade. Um menino que nos desafiava a cada instante com sua rebeldia, teimosia e braveza. Mas aos poucos foi se mostrando também capaz das maiores ternuras. Um menino guerreiro duelando todos dos dias com as mazelas que a vida lhe impunha incessantemente. Esse menino sonhava ser rei desde sempre, puxava toadas, brincava com as espadas, conhecia de cor todas as histórias. O tempo do seu reinado chegou junto com a época mais difícil de sua vida, o que refletia nos muitos enfrentamentos que impunha à escola. Quando chegou a época de ser candidato a rei, achou que não teria direito: "sou muito bagunceiro, brigo com os professores, acho que ninguém vai votar em mim". Mas o bom comportamento nunca foi o critério de seleção dessa coroa, e sim o envolvimento e o encantamento diante do cortejo e o respeito à ancestralidade e cultura afro-brasileira. Ele então se viu encorajado a se candidatar, mas precisava escrever uma carta de intenção. As letras, a escrita era uma tarefa difícil e penosa para ele. Muito timidamente perguntou: "se minha carta tiver só cinco linhas, eu ainda tenho chance?". Sua carta teve mais de cinco linhas e trazia um texto simples e sincero que cativou alguns professores e quase sua turma inteira. Foi eleito rei! Sua avó, Joana D'Arc, mulher guerreira como a santa valente da idade média que compartilha o seu nome, veio coroar seu neto em uma tarde bonita de Sol com os olhos cheios d'água. Ao fim da coroação, o cortejo sai em festa, ao toque dos tambores, pela rua afora, louvando o rei e a rainha coroados naquele dia. Dona Joana não seguiu o cortejo, ficou no portão da escola espiando tudo com a carta de intenção do neto na mão. "Foi ele mesmo que escreveu essa carta?", pergunta ela com orgulho na voz. E continua ali, a contemplar o cortejo de tambores a prestar honras ao seu menino.

Wendryck recebendo a coroa | Reinado de 2022

Delicadezas de uma rainha

"ó não chore, meu amado rei
Não há porque de chorar
Ó não chore, meu amado rei
Choro pela despedida que eu tenho, que eu tenho
Que eu tenho que me arretirar
Ói nos óios do amado rei
Tem duas luzinha acesa
Que alumeia no centro da natureza"

Reisado dos Irmãos – Juazeiro do Norte

Passados alguns meses após a coroação do Wendryck, por conta de demandas maiores que a vida impõe, ele precisou mudar de escola. Sua partida causou uma comoção enorme na escola inteira, mas principalmente na sua turma, agora no sexto ano. Uma dia após sua partida, Kemilly, sua rainha, vem nos procurar pedindo fotos do cortejo de coroação no qual os dois foram coroados. Com as fotos, ela monta o que chamou de "aubom da amizade", um álbum de fotografias do Wendryck coroado assinado por todas as crianças da turma, malungos, companheiros de viagem. A fotografia maior traz a imagem do rei e da rainha juntos no dia em que receberam suas coroas. "Esse álbum é pro Wendryck nunca esquecer que aqui na escola ele sempre será rei!"

Kemilly, coroada rainha no Cortejo de Reis de 2022

O retorno do rei

Luis Gabriel chegou à escola ainda um menino pequeno, trazendo sua rebeldia, tristezas e instigando muitos desafios. Menino mestre que nos convocava todos os dias a cuidar da qualidade da nossa presença diante dele. Um dia seu irmão, que veio com ele pra escola, surgiu com um objeto embaixo da blusa apontando para todos como se estivesse armado. Menino grande, forte, pronto pra causar. Logo vimos que a tal arma trazia um gesto de beleza de infância no brinquedo inventado em uma arminha nascida da composição caprichosa de lápis, rolo de durex verde e borracha. Aquele objeto gerou uma possibilidade narrativa não imaginada antes: a vinda dos garotos para a escola tinha um motivo justo, sério e muito impactante. Ao falar do irmão mais novo, o menino se emocionou e buscou compartilhar conosco os seus modos de ver a fúria, o olhar assustado e o coração palpitante, quase a pular do peito do mais jovem. Estavam ali os dois meninos, levados a viver com a avó que morava na área rural, nas proximidades da região da escola. Como tantos outros meninos que carregam em suas histórias as marcas da exclusão social, da violência, do racismo nosso de cada dia e da condição de pobreza material, estavam a procurar colo e acolhimento, ainda que não soubessem se expressar sobre isso da maneira esperada. Pediam socorro, ainda que seus corpos e gestos empurrassem pra longe aqueles que se aproximavam. Luis Gabriel ficou conosco para participar daquele cotidiano que repercutia belezas e impactava desejos. Seu irmão partiu, deixando as marcas de sua presença na escola e a incerteza de seu destino. O pequeno, de olhar tão melancólico, um dia foi coroado rei, aclamado por seus companheiros e companheiras. Olhando para as muitas fotografias da festa de coroação de muitos anos, é sempre aquele que canta mais forte, o que tem os olhos mais brilhantes diante dos imaginários evocados. O seu reinado, no entanto, não pôde ser cumprido na escola, pois foi atravessado pela peste: uma pandemia jogou sobre nós seu manto de dor e sofrimento. Durou quase dois anos, impedindo encontros, afetos e festejos.

Ao fim desses anos sombrios, a escola reabriu suas portas e voltamos a poder festejar. Um novo cortejo se aprumava depois de tanto tempo de silêncio. Pela tradição, Larissa e Luis Gabriel, últimos reis coroados,

Luis Gabriel passando a coroa no Cortejo de 2022

deveriam passar a coroa. Mas Luiz Gabriel não estava mais conosco. Os quase dois anos sem a presença da escola, apesar de todos os nossos esforços, havia feito com que perdêssemos o contato com ele e sua família. Sabíamos, por ouvir falar, que ele havia se mudado para outro bairro e que estava fora da escola.

Quando se aproximava o dia da Festa de coroação, Luiz chegou até a escola quase por acaso, à convite de Carol, sua amiga da escola e que sabia do seu paradeiro. Pedimos para conversar com ele e o convidamos para que viesse à festa e cumprisse o ritual de passar a coroa para o novo rei. Sentado diante de nós, porém, não estava mais um menino franzino, mas um rapaz de quinze anos, alto, com o corpo todo tatuado e as evidentes marcas de um olhar atravessado pelas durezas da vida. Nosso convite envolvia convidá-lo a vestir suas roupas, capa e coroa de rei. Mas como pedir a esse menino que já atravessara as fronteiras da infância para vestir as roupas de maravilha que conduziam aos mundos das encantarias? Como se adivinhasse o nosso desconforto diante da situação, ele disse: "Eu quero colocar as roupas de rei, eu quero passar a coroa".

No dia da coroação, chegou em cima da hora, achávamos que ele nem viria mais. Quando chegou para se arrumar, todos já estavam prontos para o cortejo e todas as roupas nobres já haviam sido usadas. O que tínhamos ali a mão era uma espécie de camisolão branco muito comprido, mas que, para ele, estava a beirar os joelhos. A professora Gustamara, responsável pelos figurinos, disse constrangida diante daquele moço bonito e alto: "Agora, infelizmente, só temos esse camisolão branco..." Mas Luiz imediatamente tomou a palavra. "Isso não é um camisolão, isso é uma túnica. Reis vestem túnica!". E, com sua túnica branca, Luiz adentrou a festa, altivo, revestido da aura simbólica de toda a sua majestade. Durante o ritual, olhando para aquele menino-rapaz, não restava a menor dúvida: estávamos diante de um rei!

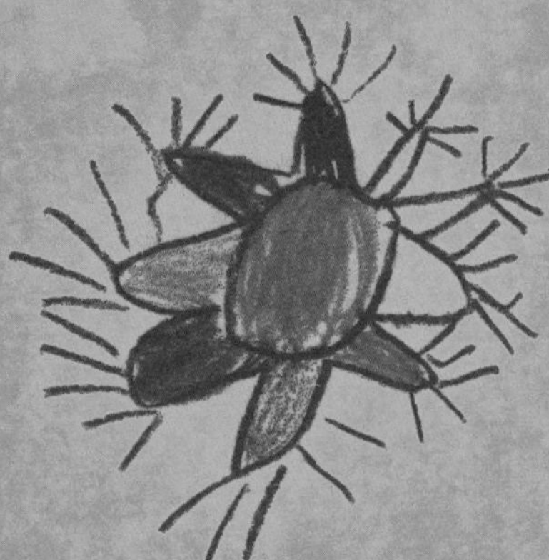

Narrativas de desenhos

Reizinhos coroados e Rainhas meninas

"Poliana se tornou dançante à imagem e semelhança
de Sá Rainha Conga: foi o começo de tudo."

O livro mais comemorado chegou na escola: *Os Reizinhos do Congo*. Produção assinada por Edimilson Pereira de Almeida, com ilustrações de Graça Lima, o texto apresentava uma linguagem elaborada e bela e trazia histórias de Calunga, malungos, avôs e avós de reis e rainhas coroados. Com ilustrações primorosas, repletas de símbolos e segredos, a obra chegou às mãos das crianças pelo olhar e pelo gosto da professora. Um rei menino, pequenino, com a pança avantajada, tomou seu lugar nas rodas de canto: "é o rei que vai pra guerra!". Todas as crianças pequenas queriam dele se amigar. Ao virar as páginas, lá estava ela, a "rainha menina": capa azul enfeitada de branco, colar, coroa, cabelos a cair pelos ombros com uma infinidade de tranças, que se apresentavam sob a profecia de "alongar a família" e trazer as suas heranças. Aquelas imagens chegaram para ficar no coração das crianças. Instigaram modas e artes. Sem pressa de terminar, meninos e meninas passaram a usar em quantidade os lápis de cores pretas e marrons. As cores claras, antes disputadas para registrar tons de pele, ficaram esquecidas, aguardando outras oportunidades para emprestarem seus nuances para outras imagens. Foi então que surgiu o desejo de escrever para as fábricas de lápis de cor solicitando outras cores em tons que pudessem mostrar entretons da cor preta. O propósito das crianças foi acolhido pela professora e pela direção da escola. No entanto, a resposta das fábricas veio apenas anos depois, quando da produção de lápis de cor estampando vários tons de pele. Ainda assim, com poucas opções de matização de cores, as crianças eram incansáveis na produção de desenhos. De tanto desenhar, cantar e ler as imagens daquele belo livro, surgiu a moda de fazer Poliana rainha. Ela era como a imagem amada: delicada, nascida no "ventre da noite", como sua avó e sua mãe. Dineia, sua mãe, a preparava para ir para a escola trançando seus cabelos todos os dias. Muitas tranças, grossas e pretas, adornavam sua cabeça e lhe davam aquele ar de realeza. A sua chegada

Ilustração: Bruna Pires

na escola causava um alvoroço, ainda que ela fosse tímida e silenciosa. Poliana se tornou dançante à imagem e semelhança de "Sá Rainha Conga", que, na toada da canção, estava à postos na janela pra ver seu "Rei que já vai [ia] pra guerra". Roda que roda, canta que canta, gira que gira: no gosto daqueles pequenos, Poliana foi coroada rainha. Contava com as mãos de Heleno, o primeiro rei, a lhe dar segurança no gingado. No entanto, a sua passagem pelo posto de rainha coroada durou pouco. Ela deixou que Rafaela se apresentasse como Rainha Conga. Ficou à espreita. Passou a participar dos brinquedos cantados de outra forma, entoando as canções e esbanjando delicadezas na sua doce modéstia. Mas, todo aquele movimento e protagonismo de crianças tão pequenas ressignificando imagens e textos, contagiou a escola toda. Os Reinados se tornaram modos de acessar ancestralidades, de elaborar rituais de pertencimento e dar a conhecer a origem e as marcas da Congada na cultura popular brasileira. Salve todas as crianças, seus professores e suas professoras, que na passagem pela escola caminharam [e caminham] conosco na alegria do reencontro! Nós agradecemos a vocês pela confiança, pela alegria de sua presença em nossas vidas e por todos os processos de ir e vir na roda-dança das aprendizagens.

Ilustração: sem autoria

Amanda

Amanda: entre marcas de dor e de prazer

Amanda era uma lindeza de garota: a cor de sua pele era preta, retinta; olhos cor de jabuticaba; sobrancelhas bem traçadas; lábios carnudos e naturalmente delineados por um tom vermelho escuro. Aos doze anos de idade, aquela menina era inteligente por demais, capaz de falas argutas e mobilizadoras em torno de questões que requeriam aprofundamento. Nunca estávamos prontas para lhe apresentar respostas. "É bonita ser preta, mas tem gente que não gosta!", uma vez compartilhou. Levando em conta a valorização das origens das crianças e de seus pertencimentos étnico-raciais, passamos a considerar a maneira como as crianças se autodeclaravam. Assim fomos seguindo e buscando estudar histórias de África, dos povos africanizados e de nossas raízes afro-brasileiras. Foi então que trouxemos as narrativas do tráfico negreiro: as ondas, o mar, o banzo, a separação e a morte. Aos poucos as crianças foram se entristecendo e se recusando a se identificar com todo aquele sofrimento. Nos demos conta de que a dor que "cortou os nomes e feriu as estrelas", aquela mesma que sentiram os homens, mulheres e presos e presas em navios que atravessaram o oceano e chegaram em terras do Brasil, feriu também as crianças da escola. Importa evocar a Memória e a História. Mas importa também "cantar nomes-música sobre as ondas da escravidão: Zambi, Calunga, malungo, olelê". Acolhemos a produção de Amanda: um desenho apresentando um corpo preto, uma fusão de imagens trazendo marcas de dor e marcas de prazer. Ela indicou para nós um caminho para apresentar as "histórias por dentro". Aquelas que narram o sofrimento dos escravizados, bem como os modos de resistir e transformar o vivido. As lágrimas que naquele desenho ficaram registradas na face que apresenta a dor, invadiram nossos olhos e rolaram em abundância. Elas anunciaram um novo tempo, aquele das vivências estéticas e éticas que nos levaram aos Tempos de Reinados. Salve, Amanda! Nós agradecemos a você por nos instigar a ter olhares mais sensíveis.

Ilustração: Amanda da Silva

Jefferson: a árvore do esquecimento

Os desenhos coloridos, mobilizados pelos sentidos das narrativas compartilhadas sobre populações escravizadas no continente africano, tomaram o cotidiano da escola. Cada parede apresentava produções vigorosas. Numa delas estava pendurado o desenho de Jefferson: era o da árvore do esquecimento, esbanjando a sua copa colorida por um verde-claro cheio de detalhes e linhas em revolta. No seu entorno, corpos pretos, nus, em fila, um após o outro, a rodopiar voltas para esquecer o passado vivido. Jefferson era brilhante, andava de modo lento, gingado, demonstrando pouco interesse para o que via. Algumas vezes ele se mostrava resistente ao participar das atividades propostas. No entanto, ao se deparar com aquela narrativa sobre a violência do opressor na tentativa de separar pais, filhos e familiares, quando da chegada deles nas cidades portuárias após a sua captura em terras africanas, o menino ficou desolado. Seu corpo, antes amolecido, se tornou rijo, empertigado e sua cabeça balançava em negativa. Ouvimos, repetidas vezes, a sua exclamação: "não pode ser, é muito injusto!". Numa roda de conversa, as crianças se encontraram com a dimensão sagrada do baobá. Também se encontraram com a negação da Memória e da História dos povos da diáspora africana, uma vez que, a partir da narrativa sobre a árvore do esquecimento, elas deveriam se movimentar caminhando ao redor da árvore sagrada para esquecer de onde vieram, dos seus ancestrais e das suas origens. Deveriam repetir os giros para esquecer a terra, os vínculos afetivos e as construções culturais. Durante anos o desenho de Jefferson nos inspirou a reconduzir as nossas conversas com outras crianças. Muitas delas se emocionam até hoje com aquela composição: os traços, as cores claras, a longa fila de pessoas andando e andando. Uma tristeza toma o coração de quem narra, de quem escuta e de quem apresenta aquele desenho do menino. Até que um dia uma professora, Lourdes, decidiu abrir uma nova porta: ela construiu, com a colaboração de Paulinho, um baobá que pudesse, esteticamente, instigar desejos de esperança. As crianças poderiam escrever em flores de baobá as mobilizações de seus desejos e depois pendurá-los na árvore. A professora criou, a seu modo, uma forma simbólica de retomar pertencimentos. Ao compreenderem a

Ilustração: Jefferson Rosa

proposta da professora e aceitarem participar daquele ritual, as crianças buscaram se vincular às suas origens ancestrais. Elas apresentaram suas perspectivas renovadas de comemorar o vivido e partilhar a emoção pelo que "nós somos". Estaríamos vivendo possibilidades de ser porque somos? Ubuntu! Aqueles desejos compartilhados foram pendurados na árvore que fez florescer a vida. Salve, Jefferson! Nós agradecemos a você por nos oferecer uma produção tão significante.

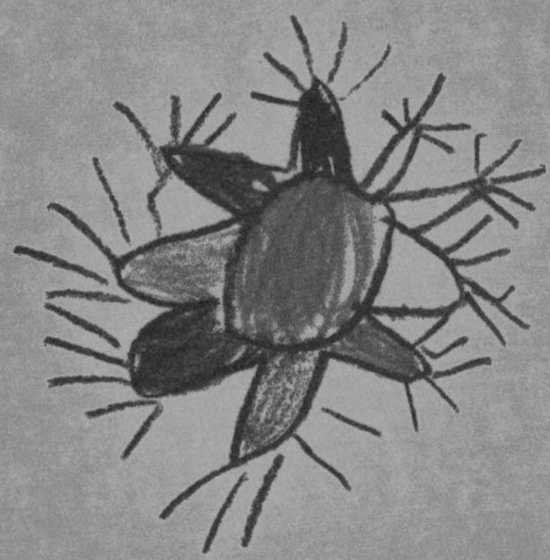

Meninos e meninas coração de tambor

Danyella Silvério

> Em língua dos antigos, ngomas são os tambores.
> No tempo, o das festas, os ngomas saem de casa.
> Com suas roupas de música, vestem os devotos.
>
> Edmilson de Almeida Pereira

Muito da forma como nossas alunas e alunos veem o que é mediado em aula passa pela forma como nós mesmos vemos o que estamos ali para mediar. É claro que existem diversos outros fatores: afinidade, facilidade para esta ou aquela coisa, a forma, o gosto pessoal... Mas o nosso olhar enquanto educadoras e educadores, professoras e professores, mediadoras e mediadores, ou outra nomenclatura que optem por usar, tem um impacto significativo no outro que nos observa e, pensando nisso, faz-se necessário, neste momento, uma breve contextualização. Não procurei o tambor. Ele não me procurou. Nós nos (re)encontramos.

Sou uma pessoa do Teatro. Durante toda a adolescência e mesmo agora na vida adulta, sou um ser do Teatro. E foi nesse contexto que o Tambor entrou na minha vida.

Nos (re)encontramos, e uso essa expressão, pois, para mim, tocar tambor também passa por uma ancestralidade, nos ensaios de um espetáculo teatral do qual eu era atriz. Assim que ouvi o seu soar, que o seu toque reverberou pelo meu corpo, entendi que era ali que precisava estar. Nos vimos tal qual dois eternos enamorados, sem saber ao certo por quem, e nos identificamos como parte de uma coisa só, muito maior do que eu ou ele, éramos nós, soando juntos, batendo juntos, pulsando juntos. Não procurei o tambor. Ele não me procurou. Nós nos (re)encontramos. E, nessa relação de amor, lá se vão bons anos...

Da mesma forma aconteceu quando ultrapassei os portões de entrada da Escola Municipal José Calil Ahouagi. Uma sensação de pertencimento e de reconhecimento de um lugar em que nunca tinha estado, mas que me era tão acolhedor... tão familiar... O encontro com as alunas e alunos dessa escola se deu de uma forma tão sincera que quando, em conversa com a direção da época, optamos por colocar, paralelo às minhas aulas de Teatro, uma oficina de tambor, não pensamos duas vezes em dizermos sim uns para os outros.

Mas não seria tão fácil assim colocar para outros o que havia encantando os meus olhos, meus ouvidos, o meu ser. Isso porque, para fazer soar o tambor, além do instrumento físico em si, seria necessário também desmistificar séculos de deturpação e apagamento histórico de uma cultura que, mesmo sendo parte fundamental da construção da identidade brasileira, ainda é muito marginalizada. Passa por uma questão de entendimento de si mesmo enquanto brasileira e brasileiro frutos de uma fusão (que nem sempre aconteceu de forma tranquila) de costumes, cores, credos e crenças. Como fazer soar o ritmo do congado mineiro sem falar da sua matriz afro-brasileira, dos seus negros escravizados e suas formas de entender o mundo?

Vale ressaltar que o trabalho já realizado na escola, pautado em um Projeto Político Pedagógico que entende a importância da cultura popular, dos estudos antropológicos, facilitou, e muito, a implantação da oficina. Mas ainda existiam arestas a serem aparadas.

Éramos uma turma composta de 15 meninos. Somente meninos. Tocar tambor ainda não fazia parte do imaginário feminino da escola. E começamos sem tambor. Batíamos palmas, tocávamos no corpo e, depois que confeccionamos nossas próprias baquetas, tocávamos nas carteiras da sala. Durante nossos encontros, além dos ritmos, conversávamos sobre as questões históricas, criando uma relação de pertencimento e desconstruindo o estranhamento ao ouvir uma cantiga, por exemplo, que dissesse "Preto Velho".

Foram longos períodos em que discursávamos sobre a religiosidade, a ancestralidade, para que pudéssemos entender que o que fazíamos ali não passava por esse viés, mas sim pelo deguste, pela fruição e pelo fazer artístico dos ritmos e sons. E assim, de carteira em carteira, de toque em toque, fomos nos colocando na condição de apreciadores da cultura, de entendedores da importância do nosso fazer artístico, dando voz ao que antes era apenas tabu e preconceito.

Quando os tambores, os instrumentos físicos, chegaram já estávamos imbuídos de um sentimento tão gostoso, de uma vontade tão grande, que nossos olhos brilharam igual. Não éramos mais apenas alunos e professora, éramos todos tambor. Éramos pele, aro, corda e corpo vibrando juntos na possibilidade de dar vida ao que fazíamos. Éramos uma nação tocando um marcha grave e soando junta "É de lei, é de vera, é de lua, é de luar... Quando um preto velho canta, faz o rio virar mar... e a lua canta junto com o negro no congado...". Essa foi nossa primeira cantiga tocada.

Participar da Festa de Coroação de Rei e Rainha Conga, que acontece todo mês de novembro na escola, foi o nosso ponto alto. Tocar para o Rei e Rainha coroados no meio desse momento tão importante foi o que faltava para que, realmente, pudéssemos entender o quão grande era o que fazíamos. Quando entramos em corte, pelo pátio principal da escola, entoando nossas cantigas e soando nossos tambores, corpos docente e discente que tinham nos ouvido batucar pelos cantos da escola durante todo o ano cantaram junto conosco "É de lei, é de vera, é de lua, é de luar... vou seguindo entre os espinhos, sem sequer me arranhar... pois meu velho abre caminho ou me leva pelo ar...". Não procuramos o tambor. O tambor não nos procurou. Nós nos (re)encontramos.

A partir daí, outras turmas surgiram. Ganhamos um nome e uma marca. Tudo fruto da construção dos alunos e alunas. Sim, alunas! Tocar tambor agora também era algo feminino e elas chegaram ocupando divinamente os seus espaços. Nossas turmas são cheias e, no meio do nosso soar, às vezes ainda procurando encontro do mesmo compasso, criamos uma relação de muito respeito pelo que fazemos.

Temos desencontros? Claro! Isso faz parte do nosso caminhar. Ainda nos deparamos com dizeres do tipo "Isso é macumba!". Mas nosso caminho já está ali, nosso respeito e entendimento também. Nesses momentos paramos, conversamos e nos lembramos que estamos no chão da escola. Um lugar de compartilhamento, de mediação de saberes entre pessoas que têm vidas diferentes, entendimentos diferentes, momentos diferentes...

Estamos ainda caminhando. Toda turma que chega é um novo momento, um novo encantamento, um novo instante para dizer com brilho nos olhos: Não procuramos o tambor. O tambor não nos procurou. Nós nos (re)encontramos!

QUANDO A EDUCAÇÃO
NÃO É
LIBERTADORA,
O SONHO DO OPRIMIDO
É VIRAR O OPRESSOR

madamóveis

Chão de escola: reencontros e reconhecimentos

Quantos inacabamentos em busca de um ponto-final para os escritos aqui compartilhados!

A escola, aquela dos começos e das invenções, insiste em nos afetar em lágrimas, lembranças, narrativas e experiências vividas.

Em cada texto procuramos dar a ler a força do coletivo, dos olhares para a diversidade, dos diálogos e práticas em construção. Portanto, podemos considerar uma autoria compartilhada.

Ao longo de dezoito anos de criação e vivências de Reinados, fizemos descobertas e construímos histórias de escola enfrentando desafios, tensões e conflitos. Vivemos movimentos de escuta e aprendemos a compartilhar sentimentos e modos de criar sentidos para as proposições curriculares que nos arriscávamos a fazer.

Importa reconhecer o envolvimento, o compromisso e a dedicação de tantos professores e professoras, diretores e diretoras, funcionários e funcionárias que, em parceria com a comunidade, tatearam caminhos desconhecidos em busca de um lugar mais justo e acolhedor para crianças e adolescentes. Tal propósito atingiria profundamente as práticas vigentes no espaço/tempo da escola, principalmente aquelas que tocavam as relações étnico-raciais. Passamos a pensar que olhar para a memória social e coletiva de afro-brasileiros, bem como para a história da comunidade negra, não deveria interessar apenas àqueles e àquelas de ascendência negra. Negros e não negros, participantes e criadores de cultura, têm o direito a uma educação livre de preconceitos, discriminação, racismo. Sob a inspiração de Boaventura de Sousa Santos, acreditamos na luta pela igualdade sempre que as diferenças são usadas para discriminar e na luta pela valorização das diferenças sempre que a igualdade é para descaracterizar identidades e modos de ser e de estar no mundo.

Assim, consideramos que a discussão sobre a promoção da igualdade racial esteve em pauta todo o tempo – e, longe de estabelecer consensos, abriu possibilidades de estudos, pesquisas e diálogos com todas as pessoas envolvidas nos movimentos de Arte, Estética e Conhecimento vividos no encontro com as histórias da Congada e com as elaborações dos Reinados e Cortejos.

Ontem e hoje, convivemos com educadores e educadoras comprometidos com uma educação antirracista. Por isso, reafirmamos o nosso reconhecimento sincero e emotivo aos profissionais da Escola Municipal José Calil Ahouagi, que se dedicaram a ensinar/aprender histórias de África e dos povos da diáspora, bem como a arte, o conhecimento, os saberes e os fazeres que compõem a cultura afro-brasileira.

Valeu a vida vivida, os encontros e também os desencontros, porque nos deram a chance de reconduzir caminhos.

Valeu o caminho curricular que escolhemos, sempre em construção, porque nos tornou resilientes para fazer escolhas e registrar nossos itinerários e descobertas, levando conosco as crianças e os jovens que nos acompanharam.

Vale a esperança, a força da poética e da estética da cultura afro-brasileira. Há muito o que fazer. Seguiremos!

Contamos aqui histórias de meninos e meninas nos tempos dos seus reinados. Histórias nascidas nos preparos e dias de festa, tecida com os fios do tempo do muito antes – o tempo dos antigos –, do tempo dos inventos de agora e do tempo que ainda não chegou, mas já se anuncia sempre de novo, de novo e de novo nas vozes de crianças e tambores a cada final de cortejo:

"Se as água' não me levar tamborim!
Se a terra não me comer, tamborim!
Ai, ai, ai tamborim!
Para o ano eu vou voltar, tamborim!"

Biografias

Meu nome é **Gisela** e esta sou eu desenhada por minha filha Cora quando ela tinha 5 anos de idade. Há mais de 20 anos, dedico meus dias a estar com as crianças e buscar formas de adentrar seus reinados de infância, seja estando com elas todos os dias na escola, como professora de Educação Infantil e Coordenadora Pedagógica, ou nas minhas pesquisas de mestrado e doutorado, nas quais me dediquei a estudar em profundidade as culturas da infância e as culturas populares nos seus entrelaçamentos e poéticas com a cultura escolar.

Sou também compositora e pesquisadora do imenso e vasto repertório do cancioneiro tradicional da infância. Adoro cantar com as crianças e com elas gravei dois CDs muito queridos para mim, o *PASSARINHOZINHO* e o *RODADANÇA*. Além de cantar e tocar violão, uma outra coisa que adoro fazer é contar e ouvir histórias! A história desses Tempos de Reinados é uma das histórias que mais gosto de contar!

Eu sou **Andréa**, avó de Laura, a menininha que produziu lindamente o meu retrato. Há muitos anos estou vinculada à educação. Desde criança, a escola sempre me encantou: minha mãe, Dorinha, fundou a primeira escola de Educação Infantil numa cidadezinha de Minas Gerais. Com ela aprendi as Artes de ser professora. Me formei há muitos anos e, de lá pra cá, atuei em municípios e escolas diferentes. Também estive em equipes de secretarias de Educação. Estudei muito também. Concluí o mestrado e o doutorado em Educação na Universidade Federal de Juiz de Fora. Atualmente sou professora de Ensino Superior e coordenadora de uma Faculdade de Pedagogia que acaba de nascer. Como pesquisadora da Educação Básica, tenho como foco de investigação os seguintes temas: relações étnico-raciais, infância, memória e cotidiano escolar. *Tempos de Reinados* é um livro que nasceu no chão da Escola Municipal José Calil Ahouagi. Lá eu atuei como professora, coordenadora pedagógica e diretora escolar. Com alegria, eu e minha amiga Gisela Pelizzoni apresentamos textos e registros preciosos para nós e para tantas crianças, adolescentes e professores que junto conosco viveram e vivem cortejos e coroações naquela escola.

Olá, eu sou o Léo, pai do João e um cara apaixonado pela fotografia. Sou músico, um baterista que descobriu tardiamente a paixão pela educação. Amo ensinar música para as crianças. E a fotografia, que estão vendo neste livro, nasceu através da minha sensibilidade musical e pelo amor e afeto que tenho pelos nossos alunos e alunas. Este desenho foi feito pelo Enzo Freitas, de oito anos de idade, meu aluno na E. M. José Calil Ahouagi.

Notas

1. Este texto inclui na sua escrita fragmentos retirados do Projeto Político Pedagógico da Escola Municipal José Calil Ahouagi, produzido coletivamente pelo grupos de professoras, professores e gestores da escola durante o ano de 2021.

2. A Escola Municipal José Calil Ahouagi é uma escola pública de tempo integral localizada na periferia da cidade de Juiz de Fora, no bairro Marilândia. Ela atende atualmente por volta de 300 crianças e adolecentes, que vão desde a Educação Infantil até o nono ano do Ensino Fundamental.

3. Usaremos os vocábulos "zabelê(s)"; "surundunga(s)", conforme significações apresentadas por Edmilson Pereira de Almeida, em que "zabelê" é o mesmo que "zabelinha ou abelhinhas", para nomear as pessoas que fazem coisas com dedicação à moda da explicação do Capitão Antônio Maria da Silva (Arturos/MG). "Surundunga" é o nome que se dá aos meninos que vivenciam a tradição do Congado na comunidade dos Arturos, situada em Contagem, no interior de Minas Gerais. As designações são encontradas em: PEREIRA, Edimilson de Almeida. *Loas a surundunga:* subsídios sobre o Congado para Estudantes de Ensino Médio e Fundamental. Juiz de Fora: Franco Editora, 2005.

4. MEDEIROS, Andrea. *Infância (des)velada:* Um estudo sobre o processo de construção de identidades de afro-descendentes. 2001. Dissertação (Mestrado em Educação) – Universidade Federal de Juiz de Fora, Juiz de Fora, 2001.

5. Informação fornecida por Leda Maria Martins no seu livro *Afrografias da Memória: O Reinado do Rosário no Jatobá,* publicado pela Mazza Edições

6. No livro *Loas a surundunga*, o autor indica espaço, tempos e situações que compõem a ingoma no acontecimento dos preparativos e vivências da festa. Indica as belezas desses encontros com ações e simbolismos que fazem vibrar o congado: "O que se faz junto é ingoma, junto no mesmo novelo os de agora o pai, a mãe, os tios, os todos meninos e meninas e seus divertimentos". Nas suas palavras, os "antigos que não vemos e nos tocam" são também ingoma.

7. A reflexão aqui proposta sobre a escrita de cartas para a coroação de reis e rainhas consta num texto apresentado no IV Congresso Internacional de Pesquisa (Auto) biográfica, 2010, e, posteriormente na coleção *Modos de viver, narrar e guardar*, publicada pela editora CRV, Curitiba, 2014.

8. Trata-se da experiência de criação de um correio na Escola Municipal José Calil Ahouagi e da escrita de cartas, desenvolvido pela Prof[a] Dr[a] Iolanda Cristina dos Santos nos anos 2006-2008, apresentada no livro *Cartas na escola: a gente se escreve*, 2009.

Bibliografia

BENJAMIN, Walter. *Origem do drama trágico alemão*. Lisboa: Assirio e Alvim, 2004.

FREIRE, Paulo. *Pedagogia da autonomia:* saberes necessários à prática educativa. São Paulo: Paz e Terra, 1996.

MACHADO, Irene. Os gêneros e a ciência dialógica do texto. *In:* FARACO, Carlos Alberto; TEZZA, Cristovão; CASTRO, Gilberto. *Diálogos com Bakhtin*. Curitiba: Editora da UFPR, 1996.

MARTINS, Leda Maria. *Afrografias da memória:* reinados do Rosário no Jatobá. Belo Horizonte: Mazza Edições, 2021.

MEDEIROS, Andréa Borges. *Infância (des) velada:* um estudo sobre os processos de construção de identidades afro-descendentes. 2001. Dissertação (Mestrado em Educação) – Universidade Federal de Juiz de Fora, Juiz de Fora, 2001.

MEDEIROS, Andréa Borges. *Memórias e narrativas de crianças em tempos de escola.* Curitiba: Appris, 2022.

PELIZZONI, Gisela Marques. *Jogando as cinco pedrinhas:* história, memórias, cultura popular, infância e escola. 2007. Dissertação (Mestrado em Educação) – Universidade Federal de Juiz de Fora, Juiz de Fora, 2007.

PEREIRA, Edmilson de Almeida; GOMES, Núbia Pereira de Magalhães. *Mundo encaixado*: significação da cultura popular. Belo Horizonte: Mazza, 1992.

PEREIRA, Edmilson de Almeida; GOMES, Núbia Pereira de Magalhães. *Flor do não esquecimento:* cultura popular e processos de transformação. Belo Horizonte: Autêntica, 2002.

PEREIRA, Edmilson de Almeida. *Os reizinhos de Congo*. São Paulo: Paulinas, 2005.

PEREIRA, Edmilson de Almeida. *Loas a surundunga:* subsídios sobre o congado para estudantes de ensino médio e fundamental. Juiz de Fora: Franco Editora, 2005.

PEREIRA, Edmilson de Almeida. *Malungos na escola:* questões sobre culturas afrodescendentes e educação. São Paulo: Paulinas, 2007.

SHNEUWLY, Bernard; DOLZ, Joaquim. Gêneros e progressão em expressão oral e escrita – elementos para reflexões sobre uma experiência suíça (Francófona). *In: Gêneros orais e escritos na escola*. Campinas: Mercado das Letras, 2004.

SOUZA, Osmar de; BOHN, Hilário I. (orgs.). *Escrita e cidadania*. Florianópolis: Insular, 2003.

Este livro foi composto em tipografia Candara e impresso em
papel Pólen Bold 90 g/m² (miolo) e papel Cartão Supremo 250 g/m²,
na primavera de dois mil e vinte e três.

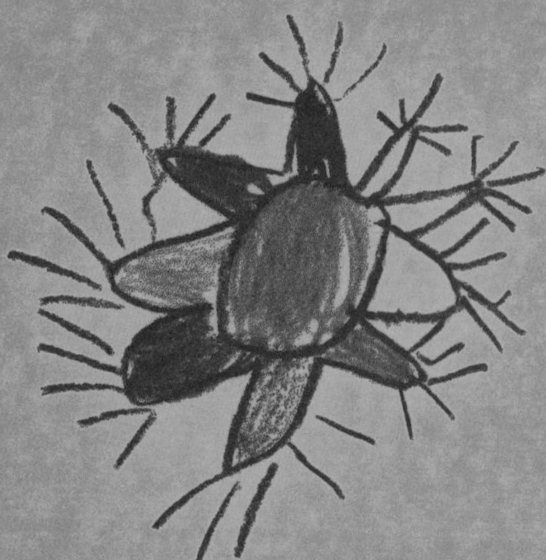